白川文字学の原点に還る

「甲骨金文字論叢」を読む

高島敏夫

朋友書店

白川文字学の原点に還る

――『甲骨金文学論叢』を読む

装幀＝岩村　隆昭

１９５５年１０月　名古屋大学にて。写真右。
左は宇都宮清吉氏（中国古代中世史）

私は既に、約二万片に及ぶト辞をノートに写しとり、大版のものは別にトレスして、整理に備えていた。この資料を駆使して、甲骨金文学の領域において殷周史に関する種々の問題を討究したいと思った。ここには東アジアの、東洋の原体験がある。

発表の方法は、謄写することに決めた。原紙を自分で書けば、あとは謄写代、製本費でことが済む。すでに『甲骨学』に寄稿したものもあるが、今後はこの論叢に収めることにしよう。こうして一九五五年、『甲骨金文学論叢』の初集に「釈史」「釈文」を発表した。

（『私の履歴書』より）

『甲骨金文学論叢』の研究室版・朋友書店版・平凡社版

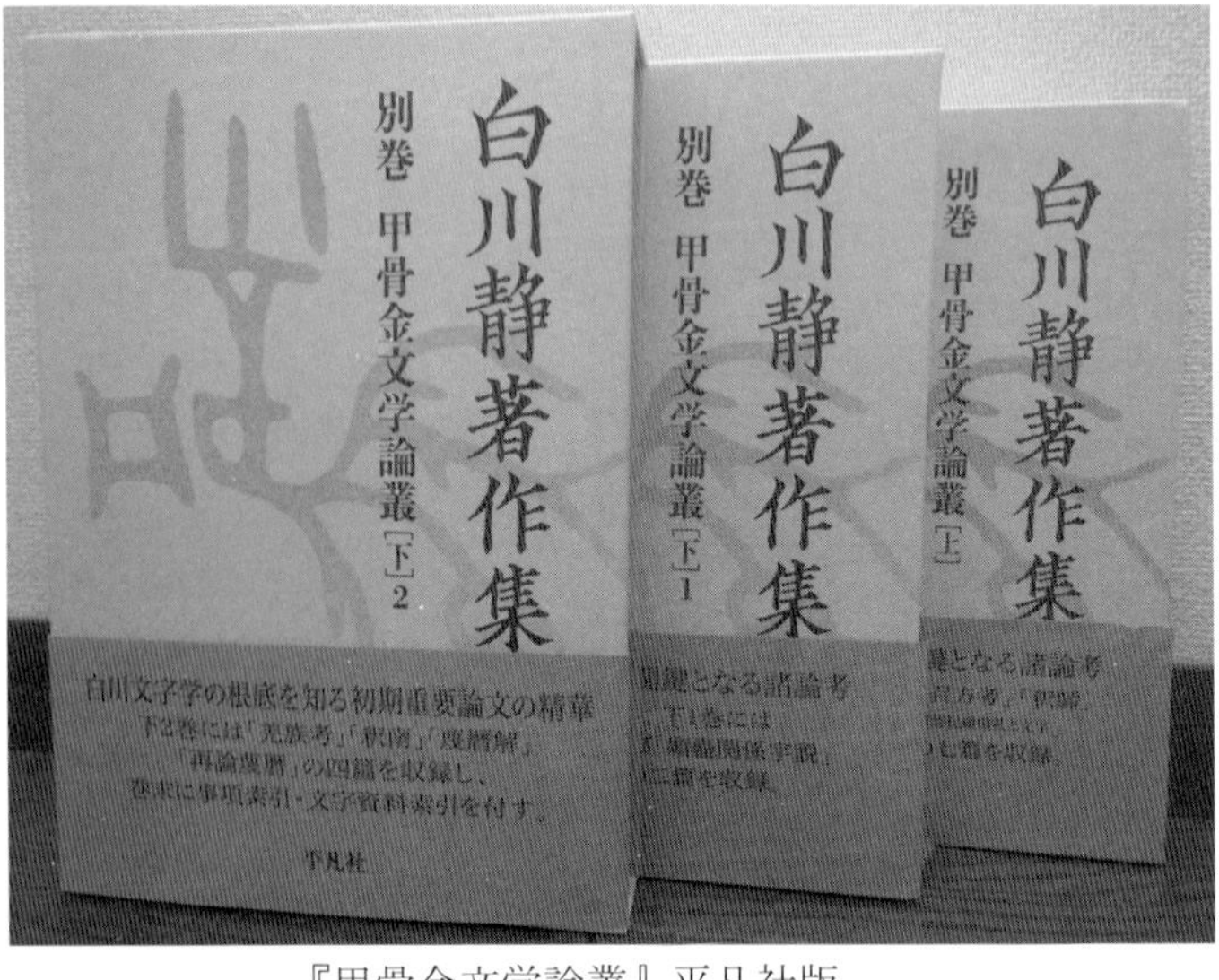

『甲骨金文学論叢』平凡社版

目次

第五章　読「釈南」―――――――――――149

序文

一　白川文字学の真髄

本書は白川文字学の原点である『甲骨金文学論叢』を読む人のために書いたものである。

白川文字学をできるだけ正確に理解してほしい、というのが恩師白川静の願いであった。白川文字学はもともと中国の古典を読むための文字学であるから、奥が深く、十分理解したような気になかなかなれないものだが、見方を変えれば、やればやるほど面白くなるものだとも言える。たいていの読者は一般書の『漢字』や『漢字の世界』から入り、辞典の『字統』や『字通』へと進まれると思う。だがそれはまだ白川文字学のエッセンスに触れているだけであって、白川文字学の真髄は『甲骨金文学論叢』という初期の論文集にあるのだということを知っておく必要がある。このことを知らない人が白川ファンにも少なくない。ただこの論文集に専門外の方々が素手で向かうのはかなり手強いものがある。論証が非常に周到であるため、読みこなすのがかなり難儀だからである。専門家であっても必ずしも読みこなしているとは限らないように見受けられる。だが、読解の手引きになるようなものがあればかなり読みやすくなるはずである。拙著を一つの羅針盤として『論叢』の中に分け入ることのできた読者は、学問としての白川文字学の本然の姿を見出してきっと驚かれることと思う。一般書からは知ることのできなかった厳正な論証の跡を辿ることになるからである。本論に進む前に、これだけはと思うことについて少々記しておきたい。

白川文字学は単なる字形学ではない。文字の成り立ちについての白川の説明がどれほど魅力的なものであるとしても、あるいはまた該博な知識を援用して魅力的な字説を導き出しているように見えるとしても、字形だけからそのような結論を出しているわけではない。このことについての理解が、白川文字学ファンの間でも、また白川文字学を批判する人たちの間でも十分になされていないのが現状のようである。

何よりも人を惑わすのは、白川文字学が用例に基づかない文字学であるというような、いかにも尤もそうな批判をする人たちがいることである。だがこのような批判は白川文字学の本質を全く理解しない人による戦略的な批判であって、それは取りも直さず、専門家として批判をする前に読んでおくべきものを読まなかったことの動かぬ証拠でもある。白川文字学の真髄は白川が四十台の後半から、文字通り心血を注いで書いた『甲骨金文学論叢』にある。『論叢』

を書くことによって文字学の体系化の土台を築いたのである。その後ものされた『説文新義』や字書三部作『字統』『字訓』『字通』の淵源はここにある。

白川文字学は単なる字形学ではなく、言語学的なアプローチが先行するものである。念のためにもう少し具体的に記そう。白川といえば甲骨文をトレースしながら読むことが随分有名になり、あたかも字形だけから想像力を働かせて文字の成り立ち（字源）を考えるかのようなイメージが出来上っているようだが、実際にはそのような過程に進む前に、甲骨文と金文における文字（語）の用例を根こそぎ集めて来るという面倒な作業を済ませているのである。そして、集めてきた文字（語）の用例を緻密に分析した後に、字形の示すところと照合して、文字の成り立ちを析出するという極めて堅実な方法を採っている。このようなやり方を実証的な方法と呼ぶ人もあるだろう。

白川の労作『金文通釈』を精読している人なら既知のことだが、金文（青銅器に刻られた文章）を解釈をする場合にも、個々の文字の意味するところをいきなり字形から想像力を働かせて推測するのではない。先ずは文字が示すところの語の個々の用法を文脈から押さえた上で、語の意味するところを考えるところから始めるのである。しかも全ての文字（語）に対してこれがやられているのである。甲骨文に対してもしかり。こうした白川の学的態度を、ソシュール言語学の観点から捉え直すと、甲骨文と金文を対象とした共時的言語学と呼ぶことができる。

白川文字学は単なる字形学とは一線を画するものなのである。

　このような方法が採られたのは、白川の学問が詩経研究から出発したことと密接な関係がある。白川の学的変遷としては、初期の研究対象である『詩経』の研究のために文字学が必要になり重心が文字学に移った感があるのだが、研究の中心に詩経研究があるという位置付けはその後も変わらない。こうした事情は白川静『詩経研究通論篇』を一読すれば理解できるはずである。詩経研究の一環としての文字学。こうした背景を視野に入れた上で白川静の学問を評するなら、「文字学の体系を内包する訓詁学」とでも呼ぶのがふさわしいであろう。

二　白川静の文字学関係の書物

【専門的著作】
①『甲骨金文学論叢』一集～十集（立命館大学中文研究室。一九五五年三月～一九六二年六月）
②『説文新義』巻一～巻十四・別巻（五典書院。一九六九年七月～一九七四年六月）

【一般書】

③『漢字』（岩波新書。一九七〇年四月）
④『漢字の世界――中国文化の原点』1・2（平凡社。一九七六年一月〜同年三月）
⑤『漢字百話』（中公新書。一九七八年四月）

【字書】
⑥『字統』（平凡社。一九八四年八月）
⑦『字訓』（平凡社。一九八七年五月）
⑧『字通』（平凡社。一九九六年十月）

時系列でたどると、専門的著作である①②から一般書の③④⑤へ、そして総仕上げとしての辞書三部作⑥⑦⑧へという展開になっている。①②で白川文字学の土台を築いた後、『金文通釈』という大著や詩経関係の『興の研究』・『詩経研究通論篇』の刊行も並行して進められた風景を遠望すると眩暈がしそうになるほどである。四五歳以降、このようなレベルの高い仕事をあたかも火山が噴火するような勢いで次々に刊行していったので、一般書を刊行する余裕もないかに見えたが、一九七〇年、白川の六〇歳を記念するかのように最初の一般書『漢字』の刊行が実現する。『漢字』は文字学の体系のエッセンスを提示するといった趣きのものであるが、コンパクトにまとめられた小著の背後に膨大な蓄積があることは誰にも想像がつくものであった。これほどの大学者の一般書の刊行がこんなに遅くなったことに疑問を抱く読者もあるだろうから、最後にこの点にだけしぼって一言しておくことにする。

学生時代から白川先生の研究室にたびたびお邪魔をして、学問の話しを聞かせて頂いた。研究対象の文献の語彙索引を作る話しも、そうした話しの中の一幕であった。ただ一般書を出すことに対しては厳しい考えをもっておられたようで、ある時「若いうちから一般書なんか出すなよ」と厳しい口調で仰ったことがある。その時はまだ一般書を出しておられなかったと記憶する。「若い時に一般書なんか出すと、いい加減なことを書く癖がついてしまうからな」ということであった。白川先生の学問上のアドバイスは豊富な経験から滲み出てくる非常に有益なものが多いが、この一言も忘れがたいアドバイスで、まことに当を得たものである。

甲骨文金文は中国の古代研究でも最も重要な分野であるが、時代が古代であるだけに古代社会を理解するために必要な知識や教養を身につけておく必要がある。近現代の文献を対象とするのと同じ考えや要領でやるわけにはいかないのでそれだけ年季を必要とするのである。これは古代研究特有の難しさではあるが、また同時に学問としての面白さでもある。そうした知識や教養を身につけないまま研究に臨むと、古代も近現代と同じであるかのように扱う結果を招く。実に頓珍漢なことであるが、自分自身では気付きにくいことのようである。

近年、中国の学者との交流が盛んになり、学者間の友好関係がかなり堅固なものになってきた。だが、文化大革命という惨事が今だに尾を引いているようで、古代研究とりわけ甲骨金文の分野では、前述したような意味での知識や教養が一部の学者を例外としてかなり稀薄になっているように思われる。そうした学問状況を知っている学者は白川の『甲骨金文学論叢』の価値をよく知っていて、『論叢』全編の中国語訳を切望しているとのことである。現時点では『論叢』所収の「釈史」「釈文」が、張莉氏の訳で『白川静文字学の精華』(天津人民出版社　二〇一二年)として出ているだけである。『論叢』の翻訳は日中両文化のかなり高度な素養を必要とするものであるが、分量が多いだけに張莉氏の他にも翻訳を担当できる人が出てこないと全編翻訳にまで漕ぎ着けることは難しいように思われる。そうした日の来るのを待望するところである。

第一章　読「釈文」

はじめに

これから白川文字学がどのような過程を通じて構築されていったかを読者とともに追体験してみたいと思う。周知のように白川文字学は字書三部作である『字統』『字訓』『字通』の刊行がなされたことによって、人口に膾炙するものとなった。字源の結論だけを求める人にとっては、博士の該博な知識と鋭い洞察力に富んだ文章に接するだけでも、知的欲求は十分満たされるであろう。またその合間を縫ってものされた『漢字の世界』などの一般書も大変魅力的な学術的読み物となっていて、博士の本領が遺憾なく発揮されてもいる。しかし一般書の常として、学術論文のスタイルで論証するというスタイルは一般的に馴染みにくいので、かなり自由なスタイルが採られた。それで読者の中には思いつきで書かれているような印象を抱く向きもあるように見受けられる。しかしそれは、字源の書の大方の傾向としてそのようなものが多いという、一般的な事実からの類推に過ぎない。実際、『甲骨金文学論叢』という初期論文集によって、綿密かつ多角的な論証を通じて得られた結論が、それらの字書類には書かれているのであって、そのことはもっと広く世に知られる必要がある。敢えて言うならば、白川文字学の真価はむしろ論証の過程そのものにあるのだということを強調しておきたいと思う。

白川文字学が綿密な論証を経て構築されたことが広く知られていないもう一つの事情がある。それは、これらの初期論文が一般に公刊されたものではなく、油印本の形で一部の専門家などに配布されるにとどまっていたことである。これは一つには、論文の内容が甲骨金文に関するものであるため極めて専門性が高いということ、今ひとつは、油印という印刷形態がさほど大部数に対応できるものではなかったということとに因るものである。その後、甲骨金文の学に志す人たちの要望に応じて、朋友書店から油印本の影印という形態で何度か刊行されたが、この時も百部程度の部数にとどまっていたと聞く。

今回このような形で、一般の手引きになるような文章を書き連ねようと考えた理由は、上記の初期論文集に収録された論文が何れも大変難物である点にある。難物とは難解なために通読されにくいということである。通読を試みながらも途中で挫折したという話をしばしば聞き及ぶ。当然読んでいるはずの人が読んでいないということを耳にするととても残念な気持ちになるのである。
仄聞するところでは、近々平凡社の『白川静著作集』別巻の形で『甲骨金文学論叢』が刊行されることになっているとのことである。（この章を書いていた時点で未刊だったことを示すために文言を書き換えなかった。）

今回は「釈文」を取りあげる。現在では、「文」＝「文身」説はほぼ学界の共通認識になっていて、「文」自体は格別の議論を要する文字ではないのだが、博士の文字学が東洋（東アジア）の文化圏の共通性を視野に入れたものであることを理解していただくのに最も相応しいのがこの「釈文」であるという点と、「文」そのものが「文字」「文化」の観念を内包する重要な文字である点から、これを冒頭に据えることにした。

一　白川文字学の基本姿勢

白川博士の文字学がこれまでの文字学と違う点は、「文字」の字形・原義を論ずる際に、その「文字」がどのような時に用いられているのかを調べた上で、論じられるということである。

つまり「文字」を単に字形のみに焦点を当てて字形の由来を考えるのではなく、「文字」を「語」として捉え、「語」の用法・用例に基づいて原義を考えるという視点に常に立たれている点である。このような学的態度は博士の学問の本質をなすものであって、「文字」の原義を考える時にだけ適用されているわけではない。『詩経』をはじめとする古代文献を解釈する際にも適用されているものなのである。それで、不明の「語」の意味を再検討する際には、その「語」の用いられている用例を徹底的に調査し用法を分析した上で、語意の再定義がなされる、という方法が採られる。

このような白川文字学の学的態度がもっともよく窺えるのが、『甲骨金文学論叢』に収められた初期論文である。〈白川文字学の原点に還る〉という標題を掲げて初期論文を再読する必要性を訴えているのは、そのような意味からである。文字学においては博士は何よりも先ず「文字」を「語」として見られる。そしてその「文字」の用法・用例を丹念に調べた上で、「語」の概念をある程度想定しながら「文字」の原義を考え、字形解釈の妥当性を追究するという態度がとられるのである。今回について言うならば、「文」は元来美称として祖王等の廟号に用いられる文字（語）である。甲骨文の用例では「文武丁」「文丁」「文廟」「文祖」「文考」のように用いられる「語」である。それでこの用例に基づきながら原義と字形解釈を考えるという過程に進んでいくということになる。

二　加藤説批判の意味するもの

「文」字の原義に関する説の中で白川博士が検討の対象とされたのは、当時大きな影響力をもっていた加藤常賢氏の新説である。加藤説とは「文とは弁を冠るとき髪を包む冠巻である。」というものであるが、博士も言われるように、「甚だ複雑な説」なので箇条書きにしておこう。

1、「〓」と「〓」とは本来同字ではない。

2、「〓」は金文では「〓」と同義に使われているが借用である。

3、「〓」は『説文解字』心部に見える「忞」の古形である。

4、甲骨文の「〓」字は「〓」と同系統の字で、甲骨金文の「〓」の上部は「〓」の上部と同形の字である。

5、「〓」は正に「〓」の「〓」であり、「〓」は甲骨文の「文」と同形である。従って、金文の「〓」は「〓」の形を採ったように見えるが、実は「〓」の省文と見るべきである。従って「∧」は「[illegible]」とは別物である。

6、「∧」は弁の形であり、「[illegible]」は弁を被るために髪を包む冠巻きである。とすると「乂」形は布目を表したことになる。

氏は契文（甲骨文）と金文の字形を対象に議論するスタイルを採っているため、甲骨金文を読んだことのない人にはかなり強い説得力で迫ってくるかも知れない。しかし読み進めていくうちに、氏の議論は甲骨金文という資料を読んでいるわけではなく、単に『甲骨文編』や『金文編』といった字形資料集の類によって文字の形だけを見て議論しているということが、明らかになってくる。このような論じ方は何も加藤氏に限ったことではなく、音韻論の観点から漢字の字源について論じられる場合にもしばしば見受けられる光景なので不思議に思わない人も少なくないだろう。しかしこのような字源の追究の仕方は、それらの「文字」がどのように用いられている語であるのかを念頭に置かない議論であるため、「語」としての用法を検討するという重要な過程を欠いたものとなってしまう。

加藤氏は結局この文字を象形文字と捉えると説明できないと考えたのであろう。そこで今度は文字を構成要素に分解し、分解された字形別に同形の文字を集めてきて、それらの文字から文字解釈を再構成しようとしたものと思われる。つまり字形を理解するに当たって、文字の形から出発しながらも、文字の構成要素となる字形に分解しそれらの字形に付着する観念を結合して解釈を構築するという次第になったのである。

以上、私自身の理解も少し交えることとなったが、ここで白川博士による加藤説批判を具体的に見ていくことにしよう。博士は加藤説の問題点を二点に整理して論じているので、博士の整理に沿って見ていくことにしよう。

第一点は、「ととは本来同字ではない」という主張についてである。この加藤説は「」と「」とに絞って議論をしているのだが、氏が「」としている文字には実は他にも  のように様々な字形のバリエーションがあり、現在なら異体字という概念で表わされるものが多い。特に金文においてそのような例が多いわけで、そういう意味で言うならむしろ、「（心）」字に従う文字の方が少数だという事実がある。加藤氏はこのような現象に気づかないまま議論をしているわけである。しかしこうした文字のバリエーションをそれぞれ別字と見なしてしまうと、話題に上っている「」字に近い他の字形を全て未詳字として処理せざるをえなくなってしまうのである。加藤氏が甲骨金文の文字を論ずる上で、「語」としての具体的な用例に当たらず、字形のみで議論しているということが露呈してしまうのである。

このような誤った解釈の例として、博士は、『尚書』「大誥」篇の「前文人」「文考」を伝統的に「前寧人」「寧考」と誤伝されてきた例を指摘している。こうした誤伝の歴史の延長上で考えれば、加藤氏のような議論が出てきてしまうのも頷けるのだが、議論の是非はこのような異体字の存在に気づくかどうかという点にあったわけである。博士の行論は加藤氏の議論の特徴を浮き彫りにした形になるが、主張の力点はむしろ、文字の議論をする際に重要なことは、その文字の用例を踏まえた上で字義を考える手続が必要であることを暗示するという点にあると思われる。

第二点に入る。「字はと同系の字」、「」の上部はの上部と同形の字である」という主張についてである。ここでは字形の細部にこだわり過ぎて文字を構成要素に分解してしまい、その後改めて観念的に再構成する方法になっているわけで、「文」字の「乂」字形を内に見える格子縞の乂に結びつけ、が「布目の粗い布で製った冠の象形」であることから、この「乂」字形を「粗文の冠」と解されたものである。しかしこうなると「」字中の「乂」字形の他にも様々な字形があるという現象に対しては、全く説明しえない事態を招くことになる。

博士は字形の捉え方に関するポイントを左記の三点に整理された。

一、その全形が大の形と同じく人の全形を含むと考えられる。

二、文の字の諸形から見て、冠の粗布の目文を含むとは考えられない。

三、「」と「」とが異字であるとは考えられない。

白川博士の批判は、加藤氏の字形解釈の細かさに合わせた律義なものになっていて、読むのがかなり煩わしくなっているが、しかしもはや反駁の余地はない。それで「」字系列の文字中に見える「」「V」「×」など、様々なバリエーションをもつ字形は何を示しているのかという問題に、自ずから焦点が定まってくる次第になる。

博士はすかさず「私は文は文身を示した字であると考える。」（七四頁）[1]［八九頁］と述べておいて本論に入っていくのである。

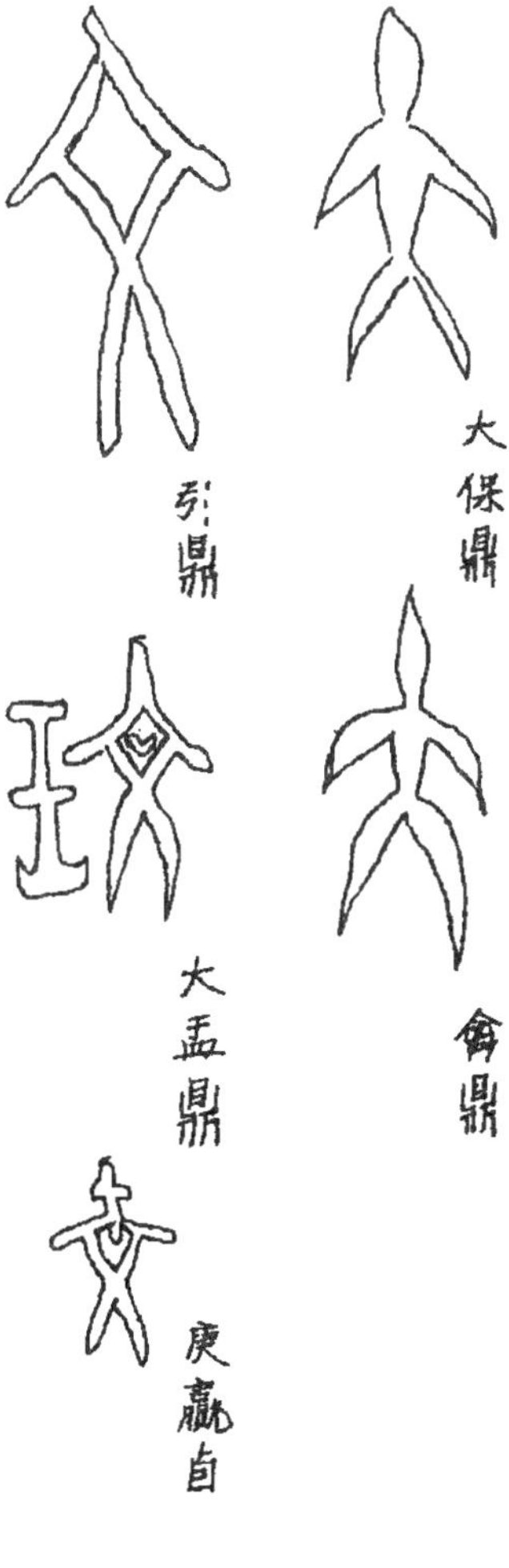

三　文身の認識とその分布——「文」の字形と沿海民族の「文身」

「文は文身を示した文字と考える」という自説を先ず開陳されたわけだが、実はこの説は博士によって初めて立てられた独自の説というわけではなく、銭坫・孫海波・中島竦ら先人がすでに立てていた説であることに断りを入れられる。先人の様々な説を十分検討した上での立論であることを明らかにされるのであるが、これらの先人の説に必ずしも満足されたわけではない。というのも、結論は同じであっても十分な論証を欠いているからである。字形だけで議論しているという点では、加藤氏の姿勢と根本的な違いがあるわけではない。そこで用例の分析をも念頭に置きつつ論証を進められるのだが、それに先立って「文身」についての考察が示される。

文身の習俗をもつ種族は、このほか沿海民族の間にはなお多く、また今ではその習俗を失っているものも、これを古く文献に徴すべきものも乏しくない。思うにこの風は中国の古代にもまた存していたのであって、その後文化の進むに伴ってこれを失うに至ったものと考えられる。わが国にも古く文身の風があったが、大和朝廷の末期頃にはすでにこれを失っていたらしい。いま漢字中の文身に関係があると思われる諸字を検すると、殷代に文身の習俗があったと推定されるところがある。（七六頁）［九一頁］

大変示唆に富む言説である。わざわざ説明するまでもないが、文明化が進んだ社会から見て、「文身」が自分たちと無関係な社会の「習俗」と感じられるとしても、古く遡れば同じ「習俗」が存した可能性があることを念頭に置いておく必要があるということである。ここで「沿海民族」なる語が示す対象が東南夷民族その他広い範囲にわたるものであるのは言うまでもないが、「沿海民族」としての東夷の系統である殷をも暗示していることにも注意する必要がある。そして東夷の一角を成すわが列島の古い習俗にもある時期まで「文身」が存在していたこと。それが大和朝廷の末期頃にはすでに失われていたらしいことが付言されていることも示唆に富む。「沿海民族」東夷としての殷人と倭人。かつては「文身の習俗」を有しながら、やがてある時期以降に失われていったという歴史的経過を有する点で共通性をもつ殷人と倭人が、おそらくここで想定されている筈である。

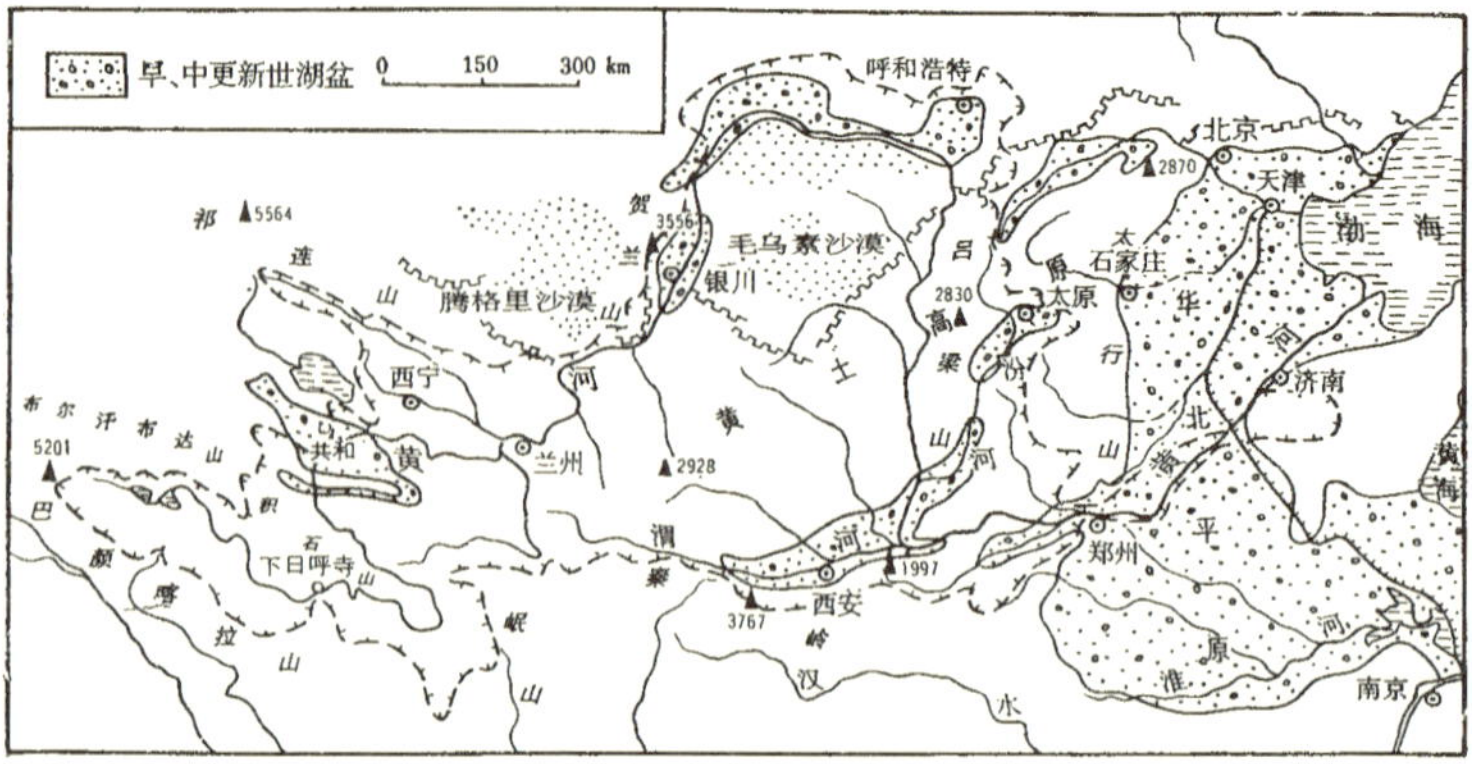

黄河流域早、中更新世湖盆及近代水系分布略图

ここで私自身の考えで付言しておきたいことがある。それは殷王朝が内陸部に深く入ったところに都を置いていたのに、なぜ沿海民族という出自をもつと言えるのか？という質問の出てくることが予想されるからである。よく知られている例から言えば、殷人には子安貝を尊重する文化があった。これも沿海民族であった名残りである。しかし忘れられやすい事柄として挙げておきたいのは、過去の地形と現在の地形とが大きく異なっていたことである。殷の都である安陽は太行山脈の麓近くに位置しているが、その東方には広い平原が海まで続いていて、かつては海岸線がかなり内陸部にまで入り込んでいたと考えられるからである。このような知見は歴史地理学の分野に属するが、『黄河の研究と実践』（水利電力出版社。一九八六年）によると、いわゆる洪積世中期の地形では太行山脈の麓まで海岸線が来ていた。〔上図参照〕このことから推測すると、現在のかなり内陸部深くにまで海岸線が来ていた時代が長かったことになる。しかしその後海岸線が徐々に後退していって現在のような地形になった、ということも念頭に置いた方がいいだろう。

四　文身の部位と通過儀礼

A　胸部の文身

文の字の本義は、立人形の中に加えられている心×∨○等の諸文にある。この諸文を加えてある場所は、字形からいうと概ね胸部に当っている。文身を加える場所は種族によって各々異り、ところによっては頭頂から足趾まで全身に及ぶものもあるが、今日の未開民族の通例からいえば、主として頭・四肢・胸部であり、背や腹・臀その他に施すことは余り多くない。いま文の字形からいえば、その胸部にあたって心×∨○等の諸文を施し、これを文と称したことは甚だ明らかである。心はあるいは胸部に心字の象形を画いたものであろうが、一般に文身の文様は、その繁簡を問わず、幾何学的線条が好まれたらしく、並行しあるいは交錯し、屈折する線状のものが多い。胸部は人身のうちでも最も広闊にして前面に向い、特に入墨に適したところであるから、その胸部の形に沿うて文身を施すことが至って多く、そのため胸部にV字形のモチーフを示すものが甚だ普遍的である。

（七五～七六頁）［九〇～九一頁］

字は胸部に施された文身を示すものであった。甲骨文の形に則して見るなら、「両肩から臍部にかけて、胸郭を含らみのある∪字形に結び、その中に施されている文身は、美麗にして文彩に富むものであるから、文彩の意を以て文に彡を加え、彣の字を成したのであろう。彣彰の彰も、のちにいうようにやはり文身の義であると考えられる。」（七六頁）ということである。

以上の考証によって「文」字が立人形の胸部に文身を施す形であることが了解できたわけであるが、次に「胸」字も文身と何らかの関係があるのではないかということになってくる。「胸」字そのものはどうなのであろうか？「胸」に関する一連の文字について一瞥を加えることにしよう。

【凶】

『説文解字』（以下『説文』と略記する）には「凶は惡なり。地穿たれて其の中にこもごも陷るに象《かたど》る。」としている。つまり「凶」字の「㐅」形を「交錯」の意味として観念的に理解しようとしたために、字形解釈が意味をなさないものとなっているのである。しかし今まで甲骨文の「文」字形を見てきたように、「㐅」形も胸部の文身の形象の一つとして見えていた。それで『説文』の「凶」部に入れられたもう一つの文字である「兇」字の説解がヒントになる。

【兇】

「兇は擾恐なり。儿の凶下に在るに从ふ。春秋の伝に曰はく、『曹人兇懼す』と。」この「兇」字は「人身において特に胸部を大書し、その兇懼するところの意を示したものである」（七七頁）ということである。このように基本形を押さえることができてみると「胸」字に進むことができるのであるが、「胸」の初形は「匈」であった。

【匈】

「胸」字の本字は「匈」である。『説文』の「勹」部に「は膺なり。勹に从ふ。凶の声、。匈或は肉に从ふ。」とある。この「勹」は人の側身の形である。『説文』の「勹」字の説解に「勹は裹《つつ》むなり。人の曲形に象《かたど》り、包裹する所有り。」とあって、字形の捉え方は適切である。また相似た字形である「孕」も「勹」の形になっていて『説文』には「孕は裹なり。子に从ひ儿に从ふ。」とある。

以上、『説文』の説解に沿って関連字を辿ることによって、「胸」の本字「匈」は「側身の形に凶を加えて胸部を示した字」（七七頁）であることが明らかになった。そして甲骨文の「文」字形に数多く見えていた「乂」字形も、「凶」「匈」に見える「乂」であったことがこれで明らかになったわけである。

博士は、殷代に文身の習俗が実際に残っていたことを示す例として文身を施した石人の例を挙げられているが、今は私独自に調べた資料として、殷墟婦好墓出土の玉人の例を見ておこう。殷墟婦好墓からは玉や石で作られた人物全体像と見られるものが六件ある。[2] それらの像から当時の多彩な髪型が窺えて興味深いものがある。当時の人々の髪型は短髪あり長髪ありで、長髪の場合はみな髷にして頭上に戴いている。髪を編んで髷にしているようだが、「[illegible]」字に示される「羌」族の特徴である長い辮髪を後頭部から下に垂らすような髪型の玉人は存在しないので、殷人と考えてよさそうである。それらの玉人の中で文身と思われるものが一件（標本三七二）あって、胸にV字形を基本とした文様が施されているのである。

B　顔面の文身……彦（彦）・顔（顏）・產（産）

通過儀礼の際に文身を施す部位として真っ先に挙げられるのが顔（顏）面である。そのまさしく顔（顏）面に関する文字にやはり文身が施された痕跡が見られる。ここは要約に従う。

【彦（彦）】

『説文』での部首は「彣」部である。「彦は美士の彣たるあるなり。人の言ふ所なり。彣に从《したが》ひ厂《げん》聲なり」とある。ここで「人の言う所なり。」としたのは彦《げん》と言《げん》とを音でもって巧みにこじつけたのである。博士の考証では「彦もまた文身の文彩あるを示す字であるが、彦が顔字の構成要素となっている点から考えると、その文身の施された場所は顔面であったと思う。」（七八頁）とされる。

【產（産）】

南方の繡面蛮には生後一ヶ月を過ぎると面上に入墨する習俗があるが、「產」はそのような習俗を示す文字である。金文にもそのような事情を伝えるものがあり、〈陳肪毀〉「余は陲仲の彥《げん》孫、釐《り》叔《しゅく》の和子」とある。この彥字は「初生後の繡面と関係がある文字で、彦と釈すべき字ではないかと思う。」（七八頁）とされる。

【顏（顔）】

「顏」は『説文』に「顏は眉目の間なり。頁に从ふ。彥の聲なり。」とあるが「眉目の間」とは兩眉の直ぐ上のところをいうのであろう。ここで、白川博士の文章を引用しておく。

思うに顏もまた文身を施した面をいうのであって、その施すところは多く顙額〔ひたい〕であった。ゆえに顙額に文身したものを顏といったものだと思う。顏面の文身も、全顏に施して頂顱に至るものから、額・頰・鼻・耳・顎・頸などに部分的に、あるいはそれらを組み合わせて施すものなど、種族によってそれぞれ多様であるけれども、原則としては、文身の多いものほど身分高く、入墨が特權として行われることが多かった。顏は、本來は入墨した顏面を意味していたのであろうが、文身を施す場所が、顏面では主として顙額であったために、やがて顙額を顏とする狹義の意味も出てきたのではないかと思う。顏に入墨するのは、おそらく夷人の習俗として後まで遺存していたと考えられ、左傳莊公五年に見える郳顏の字《あざな》は夷父と呼ばれている。名字の意義が對應するものであることは、早く王念孫の指摘したところであるが、夷人が顏に入墨しているので、その風によって、顏の名に對して夷父と字したものであろう。夷人は被髪して冠を用いないのであるから、もし顔が弁冠の美を稱したものであるならば、郳顔字は夷父の名字を説くことができないようである。（七八～七九頁）［九四頁］

（注）ここは旧字のままにした。

こうして白川博士によって文身を表わした文字とされた「顏」「彥」「產」は、いずれも通過儀礼としての文身を示すものであった。通過儀礼と言えば、この論考では「文」がどの通過儀礼に用いられるかについて述べられないが、「文考」「文祖」などすでに鬼籍に入った祖考への美称として用いられることから、後に葬礼の際に胸に文身を施されるのであろうとされるのは当然の推定である。ところで「文」は、男性の場合に用いられるものであったが、女性には女性特有の語があった。この件については節を改めて述べる。

五　難読文字「」は王妃の文身

A　「爾」「禰」「爽」

これまで見たように、「凶」「兇」「匈」「胸」諸字に見える「乂」形は胸部に施される文身の

文様を示すものであった。それは文身の文様を示す最も簡略な形で、いわばその文様の代表格として象徴的に用いられたものであった。であるとすれば、㸚字形も文身に関係があるように思われる。それで以下、関連字に言及されることになる。

【爾】

『説文』には「爾は麗爾なり。猶ほ靡麗のごときなり。㸚を冂《おほ》ふに从《したが》ふ。㸚《り》は其の孔㸚㸚《りり》たるなり。尒《じ》の声に从ふ。此れ爽と同意なり。」とある。靡麗すなわち美麗を本義としている。また『詩』小雅「采薇」に「彼の爾《でい》たるは維れ何ぞ」という句があって注の「毛伝」には「爾は華盛なるなり。」としている。この字が㸚に从うのは、花紋の多いことを象ったもので、文身の乂形と関係があるものと思われる。

【禰】

『説文』には「親廟なり」、『周礼』甸祝注に「父廟なり」とあるように父廟の名であるが、この字も「爾」に从う。『春秋公羊伝』の隠公元年「隠の考《ちち》なり」の注に「生きては父と称し、死しては考と称す。廟に入りては禰《でい》と称す。」と記されていることからすると、「禰」は亡父を祀る際に「文考」と称する時の「文」の用法と同じである。「禰祖《でいそ》」という語があるが、これは「文祖」と称するのと同義であろう。この「禰《でい》」の音義は「黥涅《げいでつ》」なる文身の「涅《でつ》」と関係があるように思われる。

【爽】

『説文』には「爽は明也、㸚に从ひ大に从ふ。」とある。ただ、甲骨金文の「爽」字は〓形の字になるものが多く、今の「爽」字と字形が甚だしく異なっている。それはこの文字が元来「得喪」の「喪」の意であったことによるものと思われる。しかし敢えて「爽」字に近いものを求めると、西周時代後期の〈散氏盤〉に見える「爽」字がそれになる。この字形をもって推すならば、大人形と二〓とから成っている。この〓は「文」の乂とは繁体・簡体の関係にあることが分かり、文身の模様を示すものと思われる。とすれば㸚もまた文身の文様であって、「爽」の初義は胸部に施された文身である。「爾」に「華盛」といい、「爽」に「明」というのは、みな文身の華やかで美しいことからそのような意味になったものであろう。かくて卜辞中の難読字の一つとされている「〓」の解釈に一つの手がかりが得られたようである。

B　卜辞中に見える先妣関係難読字

卜辞に見える文字で、先妣すなわち先王の王妃を祀る特別な祭祀を行なうことを卜するものがある。その卜辞には、次に見るように王名と妣名との間に「」形の一字を加えるのが一般である。

庚辰卜貞、王賓示壬妣庚翌日、亡尤。[H36183]※③
甲子卜貞、王賓示癸妣甲、亡尤。[H36184]
丙寅卜貞、王賓大乙妣丙翌日、亡尤。[H36194]
壬寅卜貞、王賓大戊妣壬日、亡尤。[H36227]
癸卯卜貞、王賓仲丁妣癸、亡尤。[H36225]
庚午卜貞、王賓小乙妣庚午、亡尤。[H36264]
辛卯卜貞、王賓武丁妣辛翌日、亡尤。[H36267]
戊寅卜貞、王賓祖甲妣戊彡日、亡尤。[H36284]
辛酉卜貞、王賓康祖丁妣辛、亡尤。[H36289]

この字の釈文と字解には従来諸説があって定解を得ていなかった。配妣の意であることについては異論がないものの、この字形の中に含まれる諸形の解釈については、甚だ議論のあるところである。以下、各説に対する博士の批判点を箇条書きしておこう。

1 両火説［羅振玉・呉其昌］

甲骨文では、これらの諸形を火の象形として示すことはなく、火の象形として炬火や火主を書く時はこれを掲げ執る形に書くのが一般的である。

2 乳房説［郭沫若］

乳房を附した字形にはのごときものがあるので、これらの諸形が乳房を示したとは考えられない。また、と母とは造字上からも区別がある。

3 夾物説［葉玉森］

「夾」字との異同が説明できず、これらの諸形が何らかの物体を表わした形とは考えられない。

4 両皿説［唐蘭］

字形が合致しないだけでなく、意味からも腋下に皿を重ねることになって、まことに不自然である。特に「爽」字が皿に従うというがごときは、ほとんど意味をなさない。

C 「文」と「奭」……男子の文身と婦人の文身

「文」が一般に男子の文身を称するのに対して、「奭」は婦人の文身のあるものを称するのがその原義であったのではないかと思われる。男子の文身が、主として肩や頸筋から胸部に強く流れるいわゆるV字形を示すのに対して、女子の文身は乳房の膨らみに対応して、これをめぐって施され、その神秘性を強調するという志向をもち、従ってそれに適わしい意匠をとることは甚だ当然のことである。（八七頁）

甲骨文 男 女

金文

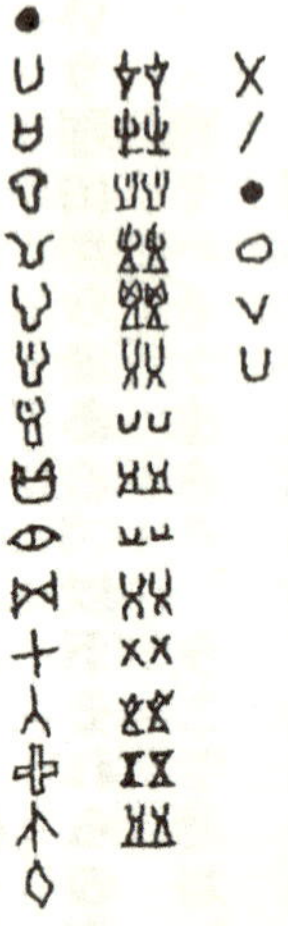

右に掲げた文身の文様の諸形を男女で比較してみて、近似しつつも異なる形状のものがあるのは、博士が記されるように、むしろ当然のことである。これらが文身を示した字であることはもはや疑う余地がなく、従って「奭」字もその用法から見て王の配妣たる身分関係を示す語であることも疑う余地がないのである。「文」「奭」が王と妃との死後の呼称を示していることと、文身が通過儀礼の際に施されるものであることとを勘案すると、「文」と「奭」とに見える文

身はそれぞれの葬礼の際に施されるものであろう、という考えに自ずから導かれるわけである。

六　文身の方法と「商」

A　入墨に用いる「辛」

文身には左記のような三種の方法がある。

1　絵身《かいしん》 Painting The Body

ただ丹青を以て花紋を身体に描くだけの非永久的なもの。

2　黥涅《げいでつ》 Tattooing

概ね数本もしくは数十本の針で皮膚を刺突し、そこに色料をすりこんで行なう。

3　瘢紋《はんもん》 Scarification

刀で肉を剜り、あるいは熱火で燬くという方法。

「文」系統の字と「」系統の字が絵身か黥涅か明らかでないが、博士は黥涅であろうとされる。

絵身は概ね退化した形式と目すべきものであるから、文身の原初形態として考えられるのは黥涅であろうというわけである。それは文身の華やかで美しいことを示す「彣彰」の「彰」の字形が「辛」に従っているからであるという。「辛」字は入墨の時に用いる針の形を示している。そしてそこから文身が黥涅であることを示す文字へと考察が進められていくのである。

『説文』に衋という字があって、「傷痛なり。血聿に从ふ。皕の声なり。」としている。部首も「奭」と同じく「皕」に从う。「聿」もまた入墨に用いられたもので「筆」の初形である。この「奭」も爽・と同じ構造をもつ字であるから、この両百は文身の文様であると見るべきである。してみると「衋」は『説文』の記すように入墨の際の「傷痛」を意味する文字であろうと思われる。入墨は後に刑罰として用いられるようになるが、刑罰として行なわれる入墨を示す諸字が、辛字に従うのはそういう理由からである。以下それらの文字を簡単に見てみよう。

B　刑罰関係の文字及び商……辛・辠・事

博士の「釈文」では文字毎に『説文』の説解を引用し、甲骨金文の字形を示しながら、検討を加えた上で再定義されるが、ここでは紙幅の關係で博士の説明のみを記した。

童……辛と目に従うのが本字。眼の縁に加えた文身。

わが国にも古く眼縁にくまどりの入墨をする風があったとされる(4)。

妾……罪を犯して額に入墨された女。

皐……自は鼻の形。鼻に入墨をしてその刑を示した。

言……「言」字が辛に従うのは、その言誤るときは辛を受ける意を示したものである。

辟……甲骨文の字形は。辛を以て肉を傷つける意味である。は擘の初文であろう。

章……入墨の意で、文彩のために施された文身を称する語。

C　商

「商」は『説文』に「外従《よ》り内を知るなり。冏《とつ》に从《したが》ふ。章の省声なり。」とし、「冏」字には「言の訥《とつ》なるなり。口内に从ふ。」とあるが、商が冏に従う理由は少しも明らかでない。甲骨文では商はほとんどに作り、を加える字形はむしろ少数であるから、が原字であろう。

「商」はいわゆる殷の本号で、その都は大邑商（または天邑商）と称んだ。また金文ではとするものがあるが、辛字形の左右に見える形が前述した文身の文様と類似しており示唆的である。おそらく、「商」字は台座の上に文身を施す辛を建てて、その標識としたものであろう。以上の考察から、「商」を本号とする殷は文身の習俗を有する種族、少なくとも文身についての十分な知識をもつ種族であったことが推測できるのである。

七　文身習俗の分布（東アジア文化圏）

以上の考察によって、殷代の文字構造の上に文身の習俗の証跡が存することが示されたわけであるが、なぜそのような証跡が存するのかについて更に掘り下げて考えると、次の二つの解釈がありうるとされる。

1　その造字の時代において、その種族自身が文身の習俗をもっていたと解すること。
2　他の種族の行なっていた文身の俗に対する知識が、造字の上に反映したと解すること。

これについては、博士の結論を引用しておこう。

文身関係の文字が、きわめて重要な意味を担う語に多く、他の種族に対する単なる知識として取り扱えない程度のものであることに注意しなければならない。先王を祀るに文を冠することが多く、先妣を祀るに某王のという定めであったことからいえば、文身はこの国において、最高の権威と神聖性とを表象するものであったと見られる。また胸・顔など、身体部分の称謂のような基本語彙のうちにこの字形が多く見えている事実は、文身の習俗がこの種族において極めて普遍的に行なわれ、かつそれが本来的なものであったと解すべきであろう。そこで私は、殷族を以て、文身の習俗を有する種族であったのではないかと推定するのである。（九二頁）〔二〇九〜二一〇頁〕

以上で、「釈文」に展開された主要な問題はほぼ整理できたものと考えるが、博士は最後に、殷族と密接な交渉をもつと考えられる地帯、具体的には中国の国土内とその周辺に住む種族の文身習俗に関する文献資料を提示することによって、東アジアに見られる文身文化圏を描き出されていく。今、それらの文献資料を丹念に紹介することはできないので、引用をもって替えることにする。

なお、筆者が独自に文身の習俗の分布を調べたところでは、現在の広西壮族自治区に住む壮族の故郷は亜熱帯の浜海の地にあり、長く文身の習俗を留めていたという。[5]また、海南島に住む黎族は最近まで文身の習俗を残しており、『中国黎族』[6]にはカラー写真入りで文身の部位や文様などについて詳しく記述されている。『傣族史』[7]にも、清代における雲南・広西・貴州・広東諸省の「地方志」中に百越族の系統に属する各族の多くには、なお黥面文身の習俗を残していて枚挙に暇がないとの記述が見える。まだ他に挙げるべき例は数多いが今は紙数の関係で省略に従う。

【古代文献】

・呉越における「被髪文身」、南方の蛮には「題《ひたい》に雕す」といった習俗が見える。

・呉の開国説話に見える仲雍が断髪文身の形姿をしているが、これが殷の舜の後裔である意味のことが記されている。〔山海経大荒東経〕

・越も禹の苗裔で夏后少康の庶子の後と言われているが、呉と同じく文身の俗があることが「国語」に記されている。

・越人短髪文身〔荘子逍遥遊〕

・越王句践、剪髪文身〔墨子公孟篇〕

・夫刻肌膚、鑱皮革、被創流血、至難也、然越人爲之以求栄〔淮南子泰族訓〕

・越王勾践、劗髪文身〔淮南子斉俗訓〕

・越王句践、其先禹之苗裔……文身断髪〔史記越世家〕

・粤地……其君禹後……文身断髪、以避蛟龍之害〔漢書地理志〕

・越方外之地、劗髪文身之民也〔漢書厳助伝〕

・乃使文身之技、水格鱗虫、注、服虔曰、文身越人也〔漢書揚雄伝〕

・彼越亦天子之封也。……是以剪髪文身〔説苑奉使篇〕

・越文身剪髪、范蠡大夫種出焉〔説苑善説篇〕

・越漚、剪髪文身〔逸周書王会第五十九〕

・黎俗男女週歳、即文身〔海槎余録〕

・繍面乃吉礼。……涅爲極細虫蛾花卉、而以淡栗紋編其余地、謂之繍面。〔広東通志〕

・女将嫁、面上刺花紋、涅以靛、其花或直或曲、各随其俗、……〔張慶長　黎岐紀聞〕

・繍脚蛮、繍面蛮、並在永昌南市、……繍面蛮、初生後出月、以針刺面上、以青黛傅之〔樊綽　蛮書〕

・九疑之南、陸事寡而水事多、於在人民、断髪文身、以象鱗虫〔淮南子原道訓〕

・種人、皆刻画其身、象龍文、衣皆著尾〔後漢書西夷伝〕

・男子有勇黥其手、女已嫁黥項〔唐書黠戛伝〕

・倭国……男子皆黥面文身、以其文左右大小、別尊卑之差〔後漢書東夷列伝〕

・今倭人好沈没捕漁蛤、文身亦以厭大魚水禽。〔晋書四夷伝〕

・倭者、自云太伯之後、俗皆文身〔梁書諸夷狄伝〕

・男女多黥臂、黥面文身、没水捕魚〔隋書倭国伝〕

・流求　婦人以墨黥手、爲虫蛇之文。〔隋書流求伝〕

・蝦夷　東夷之中、有日高見国、其国人、男女並椎結文身、爲人勇悍、是摠曰蝦夷〔日本書紀景行紀〕

・文身国　在倭東北七千里、人体有文如獣、其額上有三文、文直者貴、小文者賤〔南史東夷伝〕

・馬韓　其南界近倭、亦有文身者〔後漢書東夷伝〕

・辰韓　其国近倭、故頗有文身者〔後漢書東夷伝〕

・弁韓　今辰韓人皆編頭、男女近倭、亦文身〔魏志東夷伝〕

・台湾　有文身之俗、但不於面、而於手臂背等処〔林恵祥　台湾蛮族之原始文化〕

・男女黥面爲飾、故又称黥面番、男子自額至額之中央作直紋、女子自口経両頰至両耳、作横而斜上之闊紋、使口似有鋭突之勢、漢人称之爲鳥鴨嘴〔同書〕

むすび

以上、白川博士の「釈文」への誘いのつもりで駄文を労した。博士の論文は多方面に言及する長大なものであり、とうてい小文によって語りつくせるようなものではない。博士のかなり難解な文章を読む羅針盤の役割を果たすことができれば幸いと念じて、論証過程がたどれるように私なりに整理してみたに過ぎない。この後読者は是非とも独力で博士の「釈文」の展開する豊かな世界に挑んでいただきたいと思う。

第二章　読「釈史」

はじめに

前回の「読『釈文』」に続いて今回は白川静博士の「釈史」を読み進めていきたい。論文の執筆順からいえば「釈史」が最初に発表され重要度も高いのだが、前回は博士の学問のパースペクティブの大きさや文字学の基本姿勢、論証の進め方などを一通り説明しておきたいという思いから「釈文」をとりあげた。「釈文」からは博士の「東洋」への熱い思いが伝わってくるようである。

今回とりあげる「釈史」では白川文字学で最も重要な位置にある「ᗨ」字形を中心とした論証が展開される。「ᗨ」が「ノリトを容れる器」だという説明の仕方は白川文字学が普及する過程で随分有名になってしまったが、ここでは原点に還る意味で日本語の「ノリト」という語は極力避けておきたい。実際「釈史」の中では「ノリト」という言葉は用いられていない。「ノリト」という語が用いられるようになるのは、博士が一般書を書かれるようになってから後のことである。この語の原義は、天皇や王が発する宗教的な意味をもった命令のことであるから、「ㅂ」字形について「ノリト」という言葉を用いて説明すると誤解や混乱が生じやすい。「ノリト」という語を用いることが必ずしも間違っているというわけではない。その多義性を十分に認識し、また用いられる文脈の理解が的確であれば、混乱は起きないと思われるのだが、一般的には「ノリト」とは神に奏上する〔書かれた〕言葉とだけ認識されているのが現状であろう。であるとすれば「ノリト」という語を無規定に使うことは、「ㅂ」字形に対する十分な理解を得ることが期待できないことになる。では「ㅂ」字形をどのように説明するか。これは博士自身が少なからず苦慮されたところだと推測する。博士は初期論文の中では「ㅂ」字形を祝告器や載書器として説明されている。一種の造語である。「ㅂ」字形の厳密な説明を期するためには、そのような造語を用いて説明する他なかったものと推測される。何よりもそうした造語によって「ㅂ」字形の用いられる言語場をよく説明するものだからである。

今回取り上げる「釈史」は前回の「釈文」の二倍にも及ぶ長篇論文である。論証のために言及される問題も非常に多岐にわたり、その問題が何れも重要な意味をもっているので、この限られた紙数の中で要約しきれるものではない。この〈白川文字学の原点に還る〉は、結論だけを分かりやすく説明することを目的としているのではなく、博士が文字学の体系を築く上で展開された論証の過程や論理の構造を、読者にも理解していただくために記すものである。ではどうすればよいか？　今回は次のような方法を講ずることにしたい。

先ず、論文の構成を記して読み進める上での展望をもって頂く。ついで、最も重要な「史」字形に関する考証をまとめ、それと関係の深い文字についても言及しながら、殷王朝の宗教的支配の構造に分け入っていく。ここで扱われる「史」「使（事）」「告」等はそのようなテーマ性を持っている文字だからである。ここまで整理するだけで紙数が尽きることになるが、後は西周時代以降に官職名として残る「史」関係の問題に移っていく極めて専門性の高いテーマである。読者の関心に応じて読み進めていただきたいと思う。

なお『甲骨金文学論叢』の活字本がようやく刊行された。[1] 資料として引用される甲骨文や文献には書き下し文が付され随分読みやすくなったが、出版に際して書き直されたところも若干あり、初期論文が書かれた頃の解釈と微妙に異なる箇所も存する。〈白川文字学の原点に還る〉という観点からは、当初刊行された文章のまま読み進めていきたいので、ご承知いただきたいと思う。

一　「釈史」の構成と展開

「釈史」の構成を私なりに整理すると次のようになる。

第一節　「史」字形の解釈と王室の内祭「告」と「史」
第二節　外祭としての「使（事）」と殷の支配形態
第三節　殷から周への転換と「史」の変容
第四節　「史」の歴史的変遷

最初に「（史）」字形の解釈から始まる。そこでは従来の字形説を分類整理し自説が開陳される。ついで甲骨文における「史」の用例分析によって、祭祀に関する文字であるという解釈が導き出される。ここが西周時代以降の金文やいわゆる文献に見える「史」の用例とは異なる点である。西周時代以降の「史」字が祭祀の意味に用いられることはなく、官職名として「内史」とか「史某」という形で用いられる。いわゆる史官に分類されるわけであるが、殷代甲骨文では官職名として用いられることがない。ただ、西周時代以降「史官」となっていく必然性をもっていたことに対する考察が様々な角度から展開されるのである。ここが博士の洞察の鋭いところであり、考証のスケールが大きくなって長篇論文となる原因になっているところでもある。博士の思いを代弁すれば、全て必要な考証であり内容からして短くできない、ということであろう。

同様の用例をもつ「告（告）」字の分析も平行して進められるが、ここで「𠙵」字形が祝辞を収める器であるという解釈が提示される。「祝辞」の概念規定を示されないが、「告」が災厄や敵の来襲の際に神に祈る用例になっていることからすると、神に告げ祐助を願う（祈る）という意味と考えてよい。一方「史」の方はそのような危急の際に祈るものではないため、「告」ほど明確な解釈を加えることはできないものの、神に祈る用例という点では同じであるため、月次祭のようなものではないか、という推測がなされる。そしてそのような祈りの内容を記したものを容れた器が「𠙵」字形であるという道理になるわけである。ここで言えることは、「告」「史」はともに神に祈る祭祀を示す文字であるが、用法・意味にかなり差異があるということである。「告」字は上記のように神に告げるという後世の用法をすでに含んでいるが、「史」字の方は「告」と比べてさほど明確ではない。「史」字形からは祝辞を容れた器を掲げて祈る形であると理解できるが、どのようなことを祈ったかまでは記されないからである。

一方注意すべき点がもう一つある。それは「史」字と相似た文字である「事」の場合には用例に少し違いがあり、「人于畢」のように殷王朝外の諸族や方国等に向けて使者を派遣する場合に用いられる。ゆえにこの文字を「史」と区別して「使」と読むのである。ただ「」を「使」の意味に用いることもあって、必ずしも厳密に使い分けられているわけではない点、一応念頭に置いておかねばならない。また「」は「事」の意味にも用いられる、というように、「」「」は互いに通用される文字でもあるのだが、その用例に「傾向的な差異」があり、一応の区別があったと考えられる。私見によれば、これは「史」が比較的新しい言葉であったために、意味が未分化のまま用いられているからではないかと思われる。ところでこの使者は何を目的として派遣されたのか。それは対手の諸族や方国に殷の祭祀を行なわせるためである。それらの方国がそのような求めに応じて祭祀を実施することによって、宗教的に殷王朝の傘下に入る。殷王朝はそのような宗教的な支配の仕方をとっていた。そういう意味からすると、「」と「」が殷王朝の内祭を示す文字であるのに対して、「」は外祭を示すという関係になる。一応こんな見通しをもって進めることにする。

ところで、当初は博士の文章を忠実に辿るという方法で進めることを考えたが、文章の内容が多岐にわたるだけでなく、構成が非常に複雑に入り組んでいるため、原文よりも遥かに膨大なものになってしまう。それで中核部分を私なりに整理して記すことにしたい。

二　「史」字形の解釈

先ず「史」字形の解釈から入る。甲骨金文の字形は「」であるが、許慎の『説文解字』当時ではその存在が知られず、篆書の「」字形で考察することになる。「」字形では持っているものの形が「」でなく「中」字に見える。それで許慎はこれを「中」と捉えて「史、事を記す者なり。又に从《したが》ひ中を持す。中は正なり。」という説明を加えた。字形だけから解釈しようとして、観念的な説明を加えたのである。甲骨金文の存在が知られていない時代に生きた許慎の解釈に、しばしば見られる現象であることは周知の通りであるが、許慎の不明のなせるわざというよりも、時代的限界と言うべきであろう。

金文の字形に基づく議論は清代の呉大澂や江永のものがすでにあり、かなり鋭い考察が示されていた。日本でも内藤湖南が金文を資料に用いて考察したことがある。甲骨文が発見された前後の議論としては王国維のものがあるが、資料としてまだ十分に整わない時期のものなので、概ね金文を用いて考察している。ただ、金文を用いた考察では西周時代以降に現れた文献の解釈に基づくため、殷代を視野に入れたものにはならない。甲骨文の読解を通じて分かってきた殷代社会の様相は、西周時代以降とはかなり異質な宗教色の濃いものである。甲骨文を駆使して殷代社会の全面的かつ本格的な考察の土台の上に字源の解釈がなされるのは、白川博士によってである言っていいだろう。

博士は従来の文字学者の解釈を次の二類に整理して検討される。

一　史字の従う「中」を以て簡札簿書〔竹簡木簡を用いた公文書の類〕の類と見る。

二　史字の従う「中」を以て『儀礼』「大射」などに見える籌筭《ちゅうさん》〔竹などで作られた算木〕を入れる器と見るもの。この説は射礼の籌筭から起こったと解するところから導かれたものである。

一の説について次のように検討が加えられる。

清代の文字学者呉大澂は金文の字形を掲げて、史字形は「中」形に従わないことを指摘し、簡を執る形であるとする。

〓、記事者也。象手執簡形。許氏説从又持中、中正也。按古文中作〓。無作〓者。
（〓は事を記す者なり。手の簡を執る形に象《かたど》る。許氏は又の中を持するに从《したが》ふ、中は正なりと説く。按ずるに古文の中は〓に作る。〓に作る者無し。）

一方、同じく清代の学者江永は「中」を官府の簿書〔公文書の類〕とする。

凡官府簿書、謂之中。故諸官言治中受中。小司寇、斷庶民訟獄之中、皆謂簿書。猶今之案卷也。此中字之本義。故掌文書者、謂之史。其字从又从中。又者右手、以手持簿書也。吏字事字、皆有中字。天有司中星。後世有治中之官、皆取此義。

（凡そ官府の簿書、之を中と謂ふ。故に諸官の治中・受中と言ひ、小司寇の庶民訟獄の中を斷ずとは、皆な簿書を謂ふ。猶ほ今の案卷のごときなり。此れ中字の本義なり。故に文書を掌る者、之を史と謂ふ。其の字又に从《したが》ひ中に从ふ。又なる者は右手にして、手を以て簿書を持つなり。吏字・事字、皆中字有り。天に司中星有り。後世に治中の官有るは、皆な此の義を取る。）

呉大澂のいう箇とは一箇すなわち一枚の竹の札の意であり、江永のいう官府の簿書とは公文書のことであるから、江永説の方がやや優るところがあって、卜辞の研究者の多くは江永説に従っている。

二の説の検討は次のようになる。

王国維は、江永のいう簿書とは何かという問題を再検討し、これを「籌《ちゅう》筭《さん》を入れる器」であるとともに「簡策を入れる器」であるとする。原文にはかなり長い引用があるので省略に従うが、次のように述べている。

宰乃承王中、升自客階、作筴執筴従中、宰坐、奠中于大正之前。

（宰乃ち王の中を承《ささ》げ、客階より升り、作筴　筴を執りて中に従ふ。宰坐して、中を大正の前に奠《お》く。）

そして「史」の義は後者の「簡策を入れる器」から出ているとして、金文の用例を挙げて論証するのである。

内藤湖南も、「史」字の「中」字形が「盛筭の器」〔籌《ちゅう》筭《さん》を入れる器〕という説を発表したことがある。金文では武器銘に多く見られるという事実に基づいて、「筭を盛る」ことが「中」の原義であるとした上で、王国維説にいうところの簡策を盛ることは二次的な転義であると批判した。

博士は、以上のように代表的な説を挙げておいて、ひとまず自説を開陳する。ここはそのまま引用しよう。

私は結論的には王氏の簡策の器とする説に近い考えをもつものであるが、王氏が史を以て掌書の官とし、また史・事は一字にして卿史（卿事・卿士）、御史（御事）はみな本来官職の名であり、これを「王室執政の官」、「天子諸侯の官」と解して、「史之本義、爲持書之人、引申而爲大官及庶官之稱、又引申而爲職事之稱」（史の本義は、書を持するの人と爲す。引申して大官及び庶官の稱と爲す。又引申して職事の稱と爲す。）といい、史の初義が執政者であったとするのに対して、私は史の本義は祭祀における祝告の義であり、また史・事はもと同源なるも、その間に幾分使用例を異にするものがあると考えるので、ここに史の祭祀起源説を提出し、いささかその証明を試みたいと思うのである。（五頁）〔一〇頁〕(2)

『甲骨金文学論叢』所収の初期論文の展開の仕方は、このように従来の字源説を整理した上でそれらの説の是非を検討し自説の結論部分を開陳した上で、改めて論証過程に入っていくという構成になっている。一度通読してしまうと他の論文を読む場合にも役立つはずである。

しかしながら、この「釈史」の場合ここから先はかなり難所になっていくので、私なりに整理したものを記していくことにしたい。

ここで王国維の説に近いとされながらも、「史」の初義は執政者ではなく、「祭祀における祝告の義」であり、「史・事はもと同源なるも、その間に幾分使用例を異にするものがある」として、

「史」「事」の使用例の差異を指摘されている。さりげなく書かれているが、この点にこそ殷代と西周時代以降との社会の本質的な差異の現われるところでもある。王国維の考証は主に金文の字形を文献資料を援用しながら鋭い考察を示している点で、大いに啓発されるところであるが、甲骨文の用例の分析が十分でないため、西周時代以降の場合には妥当な説であっても、殷代の場合には必ずしも当てはまらないということになる。

三 「史」「使（事）」「ㅂ」字形

甲骨文の「史（〓）」と「使［事］（〓）」とは字形に若干の差異があるものの、従来は「史」字として扱われてきたようである。ただその用例を微細に分析してみると使用例に若干の差異があることが分かってくる。博士の言われる「両者の間にはおのずから傾向的な使用上の区別」（六頁）が存するのである。ではその使用上の区別から何が導き出されるか？ それがここでのテーマとなる。

先ず「〓」の使用例を掲げる。

・□卯卜、河叓…王受又。〔Y02348〕[3]
・上甲叓其兄父丁彔。〔H32390〕
・大乙叓、其征大丁。〔H27126〕　・大乙叓、王其鄉。〔H27125〕
・祖丁叓、至二…〔H27292〕　・戊戌卜、祖丁叓、其妣辛妣癸、王……。〔H27367〕
・丁丑卜…小丁叓、㞢〔正〕。〔H32642〕
・……卜、彡𨠖又叓。〔H21797〕
・翌丁亥叓其𨠖告〔于〕南室。〔H4940〕

「河」のような自然神、「上甲」「大乙」「祖丁」「小丁」のような祖先神の下に「叓」を付ける例がかなりある。そしてその文例に「彡𨠖」「𨠖告」の祭儀を伴うことから「叓」が祭祀関係の用語であることは分かるのだが、それがどのような祭祀行為を意味するものであるかまでは詳らかでない。博士はここで「後に述べるように、叓は祝告に関する字で、祖先先王に祝辞を捧げて告祭する意であろうと思う。」（七頁）と再度自説を提示される。「祝告に関する字」「祝辞を捧げて告祭する」といった、見慣れぬ語彙が用いられているので、難解な印象を受けられるであろうが、ここでは取り敢えず「告」と同じように祝辞をもって祖先先王に祈る祭祀である、というほどに理解しておけばよい。

さてその「告」についても関連的に考察しておかねばならない。ここで「史」と比較対照する意味で重要なので代表的な用例を掲げておくことにするが、原文よりも若干用例を追加した。

・癸巳卜牽貞、告土方于上甲。四月（癸巳卜して牽貞《と》ふ、土方を上甲に告せんか。四月）[H06385]

・癸卯卜牽貞、王令三百射、弗告十示……王𡆥。[H05775正]
（癸卯卜して牽貞ふ、王は三百射に令して十示に告せざるか。……王に禍あるか。）

・癸巳卜㱿貞、子漁疾目、福告于父乙。[H13619]
（癸巳卜して㱿貞ふ、子漁の目を疾《や》めるに、父乙に福告せんか。）

・其告于河。（其れ河に告せんか。）[H40419]

・癸卯卜貞、告〔于〕岳。（癸卯卜して貞ふ、岳に告せんか。）[H14423]

・告于大甲祖乙。（大甲・祖乙に告せんか。）[H00183]

・己酉卜、召方來、告于父丁。（己酉卜す、召方の來るを父丁に告せんか。）[H33015]

・貞、告𢀛方于祖乙。（貞ふ、𢀛方を祖乙に告せんか。）[H06349]

・貞、令畢伐東土、告于祖乙于丁。八月。[H07084]
（貞ふ、畢に令して東土を伐たしむるに、祖乙と丁とに告せんか。八月。）

右に見たように「告」の場合も、祝告の対象になっているのが祖先神だけでなく、自然神の河・岳の場合もあるということである。殷代の宗教が自然神と祖先神を対象とするものであることをよく物語っているところである。ここではまた「史」と「告」との差異も見て取ることができる。すなわち「告」の場合には、吕方や召方・夷方といった殷王朝に従属しない諸族の来襲などがあった時に「告」している例があるからである。

ここで一度整理してみよう。「史」「告」はともに自然神と祖先神を対象とする祭祀を示しているが、用例からすると、「告」が危急の際に行なわれるものであったのに対して、「史」の場合にはそうではないということである。では「史」とはいかなる祭祀なのかということになるが、それ以上の分析を進める材料がないので、博士は暫定的な案として比較的定期的に行なわれる月次祭のようなものではないかとされる。

この「告」字についても字源に関する考証をしておかねばなるまい。「史」字と同じように「𠙵」字形を含む文字だからである。『説文解字』では「告」は「牛觸人、角著横木。所以告人也。从口从牛」(牛 人に觸る、角に横木を著《つ》く。人に告ぐる所以《ゆえん》なり。口に从《したが》ひ牛に从ふ。)とする。甲骨文では「[illegible]」字形のものが比較的多く「牛([illegible])」形とも類似していることから、牛説も妥当のように見えるかも知れないが、実際には【①】のような形もあって牛説を採るわけにはいかない。これらの上部字形【②】【③】【④】は、「（磬）」や、「（南）」「（壴）」などの楽器を懸ける形に見られるように、木の上の叉枝を示すものだからである。これらの楽器がみな祭祀の際に用いられ、神と交信する際に用いるものであったことを勘案すれば、その木はおそらく神聖な木の枝であったものと思われる。「告」も神に対して申し上げる祭祀行為を示しているのであるから、「𠙵」をそのような神聖な木に懸けたものと考えるのが自然な理解であろう。かくて「告」の字形を博士は「告は祝冊を入れる器を神聖な木の枝に懸繋することを示し、祝冊を高く揚げて、以てこれを神霊に告げる意であろうと解せられる。」（九頁）として、その根拠となる『孟子』『左伝』『儀礼』及び〈頌鼎〉〈金文〉の例を示した後次のように述べられる。

神に祝冊するときに、その祝冊の辞を何らかの形式を以て神に捧げ加える礼があるべきであろうと思う。卜辞における告祭は、主として外寇等の異族神のもたらす災禍、また先公祖神の下す咎禍や疾病などについて、これを先公祖神に祝告するものであるが、その祝

告ののち、おそらくは祝告の詞を載せた書冊を神木の枝に繫けて、これを神前に捧げたものであろうと思われる。これが告字の本義である。（九頁）〔一二五頁〕

こうして「𠙵」「由」字形とは何かということを含めて、それがどのように扱われていたかという問題に入っていくことができる。ここでは「由」形を含む書という祭祀〔五祀とよばれる祖祭の一つ〕について考察しながら「由」字形の意味するところを考えるわけである。結論としては「この祭祀における祝冊は『由』形の器に収めてこれを殷上のＨの上におき、これを以て神霊に告げたものである。」（十一頁）とされる。「祝冊」とは祝辞を記した冊書のことであるが、祖神諸王を祭る際にそれを殷上に加える字形になっている。その形式を示す字形に様々な形があって、当時の祝告の祭儀の実際の場景を示すものがある。例えば、祝辞を上に直接捧げているもの【⑤】、あるいは殷の横にあってこれを捧げるもの【⑥】などは特に当時の「祝告」の祭儀を如実に伝えている。以上の考察を通じて導き出された結論部分をここに引用しよう。

史字がもと祝告という祭祀行為を示す文字であること、「史」字形の従う「𠙵」「由」がいずれもその祝冊を収める器の形を示すものであることを確かめえたと思う。そしてその関係ある字の全体を通じて、籌筭その他直接武事に関する事例を見出しえないということは、「史」字の初義を籌筭の「中」に求めようとする説が、その関係文字の字形の全体を悉しえないという点に、最も不十分なものをもつと考える。（一六頁）〔一三頁〕

四　「史」「使（事）」、内祭と外祭、殷王朝の支配形態

ここまで中核部分だけを抽出整理して進めているので、考証の周到さを伝えることができていないのが残念であるが、「釈史」は水も漏らさぬ論証を重ねて、「史」と「使（事）」の関係と差異の問題に入っていく。ここは原文の第二節に当たるが、殷王朝の支配形態にまで論及される最も重要なところである。第二節の冒頭を引用する。

> 「事」と「史」とは場合によっては通用していて、「癸巳卜史貞、旬亡囚、六月」（癸巳卜して史貞ふ、旬に囚《とが》亡きか。六月）、「癸巳卜事貞、旬亡囚、六月」（癸巳卜して事貞ふ、旬に囚《とが》亡きか。六月）〔H16694〕のように、一片のうちに両字が見えているが、これは貞人の名を両様に署したものと思われる。事人・御事・由王事などにおいても、史字を用いている例がある。しかし前にも述べたように、その使用例から見ると、両字の間には傾向的な

区別があって、叓には遠く使する意味が含まれることが多い。いまその字形によっていえば、Yは叉頭のある長桿であって、史がただ宗廟の中で祝冊の器を神木に懸けて捧持する形であるのに対して、遠く郊外に出る意を含ませたものと見られる。先ず叓人の例をあげよう。（二二頁）［二七頁］

・乙酉卜穷貞、叓人于河、沈三羊、冊三牛。三月。［H05522］
（乙酉卜して穷《ひん》貞ふ、人を河に叓《つかひ》せしめ、三羊を沈め、三牛を冊《きょ》めんか。三月。）
・乙酉卜貞、丁亥叓人于河。（乙酉卜して貞ふ、丁亥に人を河に叓せしめんか。）［H05523］
・其大出」貞、勿叓人于岳。［鉄・二三・一］
（其れ大いに出づるか。」貞ふ、人を岳に叓せしむること勿《なか》らんか。）
・叓人于岳。（人を岳に叓せしめんか。）［H05519］［H05520］
・王于遲、叓人于美、于之及伐望、王受又。［H28089］
（王は遲に于《お》いて、人を美に叓せしめんか。之に于いて望を伐つに及ばんか。王は祐を受《さず》けられんか。）
・貞、叓人于皐。（貞ふ、人を皐に叓せしめんか。）［H07693］［H14474］
・貞叓人于我。（貞ふ、人を岳に叓せしめんか。）［H05525］［H05526］［H05527］
・貞、勿叓人于𠂤」王从沚戓。［林・三・四・八］

（貞ふ、人を𠙶に叓せしむること勿らんか。王は沚戓を従へんか。）

・癸巳卜㱿貞、叓人于𠙶。（癸巳卜して㱿貞ふ、人を𠙶に叓せしめんか。）〔H05537〕

・叓人于戓。（人を戓に叓せしめんか。）〔H05531〕

・王叓人于沚。若。（王は人を沚に叓するに、諾《だく》なるか。）〔H05530〕

・貞、勿叓人于陕。不若（貞ふ、人を陕に叓せしむること亡きか。諾せざるか。）〔H00376〕

・貞、叓人于妻。（貞ふ、人を妻に叓せしめんか。）〔H05532〕

・貞、叓人于畢。（貞ふ、人を畢に叓せしめんか。）〔H05533〕〔H05534〕

・……㱿貞、婦好叓人于眉。（……㱿貞ふ、婦好は人を眉に叓せしめんか。）〔H06568〕

・貞、叓人于[illegible]。（貞ふ、人を[illegible]に叓せしめんか。）〔H05524〕

郭沫若は、「叓人于岳。」のような例から「叓人」を人間を犠牲に用いると解するのだが、ご覧のように「叓人」の例は必ずしも河岳のみではなく、美・阜・我・𠙶・沚・戓・陕・妻・畢などの諸族にも用いられているので無理がある。これらの用例を統貫する解釈が必要であろう。ここで想起しなければならないのは、「叓（史）」字の用例で見た「河叓」「岳叓」である。この「叓人于河」「叓人于岳」の場合も「人」を派遣してそこで祭事を行なうと解すべきであり、諸族の場合についても同様である。すなわちこれらの用例から自然に導き出せるのは、「人を使いしめ」そこで殷王朝の祭祀を行なわせるという解釈であろう。博士の言葉を引用すれば次のようになる。

思うに当時にあっては、政治もまた祭祀の形態を以て行われていたので、政治的な支配は同時に共同祭祀の受容、王朝の祭祀に対する参加協同という形を以て表現されていたのであろう。従って事人とは、王朝の祭祀をこれらの自然神や氏族の霊廟に移して行う使者を指したものと解せられる。(一二二頁)〔一一九頁〕

ここで述べられているのは、祭政一致という言葉の実質的な意味である。このような祭祀を通じて宗教的な意味での支配体制を築くというのが殷代の支配の仕方であった。ここで「事」と「史」との関係と差異について整理してみよう。

先ず「事人」の対象が河や岳である点では「史」とも共通している。したがってともに史祭と呼ぶべき祭祀の範疇に入るのであろう。一方それとは別に「事人」の場合には阜・我・𠂤・沚・𢦏・陕・婁・畢といった殷代の雄族に向けて使者が発せられている。これが「史」との差異である。相似た字形ながら最上部の書き方によってその差異が示される。祖先神や自然神に対しては祝辞を奏上するためという点で共通しているが、諸族に向けて発せられる場合は何であろう？「由」を掲げていることからして博士のいわれる祝辞であろう。そこで博士は「遠く出でて祭事を行なったものと解するほかはない。」とされる。論理的に進めていくと確かにそういうことになる。私見を交えるとすれば、あるいは神意を記したものを掲げて諸族の守護神や祖先神に対してもそれを奏上したものかも知れない。そのような行為を通して共通の祭祀を行ない宗教的関係が深まるということであろう。博士はここで祭政一致を「政治もまた祭祀の形態を以て行われていた」として殷王朝の支配形態へと進んでいく方向を示されるが、それが次のテーマになっていく。史祭が特に盛大に行なわれるのを「大事」といい、祭祀者を派遣して祭祀を行なわしめ、載書（由）を致すことを「立事」という、というように関連語句に言及しながら、更に殷王朝の支配形態の本質へと掘り進んでいく。それが「由王史」という修辞である。ここで再び原文の引用をしておこう。

　祭祀を通じての支配が同時に政治的支配を意味していた当時において、「史（使・事）」は祭祀であり、政治であり、また軍事の意味をも有していた。王と諸侯との交通は、朝聘入覲のほかには、多く使者を出して連絡がとられており、それらの使者は、王室の立場から「王史」もしくは「朕史」・「我史」とよばれた。卜辞には「由王史」と称するものが甚だ多いが、地方遠隔の地に対する政治的規矩は、ほとんどこのような形態を以て行なわれ

ていたものと思われる。（二四頁）〔三〇頁〕

地方遠隔の地に対して使者を派遣しているとされる「𠙹王叓」の例を掲げる。

【阜】貞阜𠙹王叓。（貞《と》ふ、阜は王叓を𠙹《おこな》はんか。）〔H05464〕
乙未卜出貞、阜𠙹王叓、不𡆥。十二月。〔H24116〕
（乙未卜して出貞ふ、阜は王叓を𠙹はんか。死せざるか。十二月）
甲戌卜穷貞、賜阜取𠙹王叓。〔H05458〕
（甲戌卜して穷貞ふ、阜に取〔地名〕を賜ふに、王叓を𠙹はんか。）
己丑卜㚔貞、阜𠙹王事。」貞、阜𠙹王叓。（己丑卜して㚔貞ふ、阜は王叓を𠙹はんか。）〔H00177〕

【我】甲寅卜穷貞、我𠙹王叓。」貞、我弗其𠙹王叓。〔H05480正〕
（甲寅卜して穷貞ふ、我〔族名〕は王叓を𠙹はんか。貞ふ、我は其れ王叓を𠙹はざるか。）

【畢】貞、畢𠙹王叓。」貞、畢弗其𠙹王叓。〔05480正〕
（貞ふ、畢は王叓を𠙹はんか。貞ふ、畢は其れ王叓を𠙹はざるか。）

【行】貞、行𠙹王叓」行𠙹（貞ふ、行は王叓を𠙹はんか。）〔H05454〕〔H05455〕

【火】己酉貞、火𠙹王叓。」己酉貞、王其令火……〔H32967〕

（己酉貞ふ、火［族名］は王史を甶はんか。」己酉貞ふ、王は其れ火に令して……）

【𢀜】壬寅卜牽貞、𢀜甶王事。（壬寅卜して牽貞ふ、𢀜は王事を甶はんか。）［H00667］

【陕】庚申卜㱿貞、陕弗其甶王事。（庚申卜して㱿貞ふ、陕は其れ王事を甶はざるか。）［H05473］

【𢀚】貞、𢀚弗其甶王史。（貞ふ、𢀚［族名］は其れ王史を甶はんか。）［H06834正］

【受】己酉卜牽貞、以衆人、乎从受甶王事　五月」甲子卜㱿貞、令受𠭯田于□方　甶王事［H00022］
（己酉卜して牽貞ふ、衆人を供し、受を呼従するに、王事を甶はんか。五月」甲子卜して受貞ふ、
受に令して□方に𠭯田せしむるに、王事を甶はんか。）

【召】貞、召甶王事。（貞ふ、召は王事を甶はんか。）［H05478正］［H05479］
丙午卜㱿貞、召弗其甶王事。（丙午卜して㱿貞ふ、召は王事を甶はんか。）

【周】己卯卜允貞、令多子族从犬侯𡨦周、甶王事。五月。［H06812正］
（丙午卜して允貞ふ、多子族に令して、犬侯を従へ周に𡨦せしむるに、王事を甶はんか。五月）

【犬】□酉卜、犬其甶王史。𢆶。［H05470］
（□酉卜す、犬［族名］は其れ王史を甶はんか。䶜《たたり》あらんか。）

【長】戊辰卜牽貞、長亡囚、甶王事。」貞、長㞢囚、其甶王事。［H05448］
（戊辰卜して牽貞ふ、長に囚亡きか。王事を甶はんか。貞ふ、長に囚㞢らんか。其れ王事を甶はんか。）

召・周・犬・長などは異族で有力な諸方や諸族である。また、皐・我・畢などは殷室と比較的親近の関係にあった諸氏族である。「由王叓」は後で考察が示されるように「載王事」と解して「王事を載《おこな》ふ」と読む。すなわち一つには殷王朝の祭祀を行なうの意を表わすが、「事」は「使」でもあって、語義が未分化であるため重層的な意味をもつ。その意味するところは、博士の言葉を借りれば、次のようになる。引用が続くが精密な考察が明晰な言葉で表現されているので、敢えて書き直す必要がないからである。読者もここまで辿り着いている人であればこれから先の解説は不要かも知れない。

　「由王叓」もまた、本来は王室の祭祀をこれらの諸方諸族にも奉行させることによって、その祭祀的支配を確立する意味をもつものであったであろうが、しかしここでは、政治的な意味が強くあらわれていて、叓は史すなわち祀るという本来の意味よりも、むしろ王の使者として王室の祭祀を執行するもの、すなわち王使としての意味が確かめられてきているようである。それはたとえば、さきの叓人においては、河・岳のような自然神に対する使者が立てられているのに対して、「由王叓」においては専ら諸方諸族に対する使者であることから、宗教的意味よりも政治的意味が優位になってきていると考えられるからである。

王使の派遣は、必ずしも定期的に行なわれたものではなく、特定の場合に、王室の祭祀をその地域で執行する必要が認められるという事情のあるときに、行われたものではなかろうか。「乙未卜出貞、皐 由王事、不𡆥。十二月。」といい、「戊辰卜牽貞、長亡囚、由王事。」貞、長出囚、其由王事。」のように、「不𡆥」・「亡囚」と関連して行われていることからいえば、それは何らかの事件、あるいは不安の徴候に対して、王者が修祓祝告、あるいは盟誓の必要を認めたときに派遣されたものと考えられる。この政治的意図を含む祭祀者の派遣に対して、その対象とされた諸方諸族がどのような態度を示すか、またその派遣の意図の成否を貞《と》うこと、これが「由王事」「由朕事」という卜問の意味であったのであろう。王室の祭祀を受けるかどうかは、場合によっては、諸方諸族の殷室に対する祭祀権の承認と拒否、政治的従属の諾否を決する意思表示とも見られるものであり、そのためこのように頻繁な「由王事」の貞卜が行われたのであろうと思われる。（二七頁）

ここまでの考察に基づいて語彙を私なりに整理してみる。

「吿（告）」……内祭。災厄や敵の来襲の際に神に祈る。

「（史）」……内祭。「告」のような危急の際に祈るものではないが、月次祭のようなもの。

「（使）人」……外祭。王朝の祭祀を自然神や氏族の霊廟に移して行うこと、またその使者を指す。

「王（載王事）」……外祭。諸族や殷王朝に従属しない諸方に向けて使者を派遣し、殷の祭祀を行うことを迫る。

五　「西史」「北史」「北御史」

前節までで殷の宗教的な支配構造の枢要な部分が述べられたことになる。自然神や祖先神を祭る内祭「（告）」「（史）」を中核とし、「（使・事）人」という手段を通じてその神の霊験威光を拡張して地方をも支配するという構造である。宗教的な構造であるから必ずしも武力を行使して直接管轄下に置くものではない。したがって「支配」という語で表わすこともあまり適切ではないのだが、他にふさわしい語が見つからないので取り敢えず「支配」という語を用いている次第である。特に最後に引用した「王（載王事）」の用例は、殷王朝に従わぬ方国に向けて発せられたものが目に付く。したがってそれらの方国と殷王朝との関係には微

妙なところがある。従う時もあれば従わぬ時もあるといった関係である。実際たとえば、「召方」は初期の段階では殷に従わぬ方国であったが、後に「西史召」と呼ばれて重要な役割を果たすようになる。そして殷末も最末期に至って西周王朝につくようになるといった次第である。では「西史召」とは何か？　最後にこの問題について言及する。

・丁巳卜旁貞、令今丙肜□食、乃令西史。三月。［H09560］
（丁巳トして旁貞ふ、令して今《こ》の丙［の日］に肜して□食せしむるに、乃ち西史に令せんか。三月。）

・庚子卜牵貞、西史召亡囚。甶」庚子卜牵貞、西史召其㞢囚、甶。」貞、西史召亡囚、甶。」
（庚子トして牵貞ふ、西史召に囚亡きか。甶はんか」庚子トして牵貞ふ、西史召に其れ囚㞢《あ》るか。甶はんか」貞ふ、西史召に囚亡きか。甶はんか」）［H05637 正］

・貞、才北史㞢獲羌。（貞ふ、北史に在りて羌を獲ること㞢《あ》るか。）［H00914］

・癸巳卜、其乎北御史衛。（癸巳トす。其れ北御史衛を呼ばんか。）［H27897］

「西史召」とは、殷の西方にあって殷の史祭のことを掌る召族を指す。「北史」「北御史」も同様である。宗教的な職事であるから、いわゆる政治的な意味での官制ではない。しかし殷の宗教的な支配体制という側面から見れば、非常に重要な職事を掌る位置にある。いわばその地における宗教的な権威者である。これらの諸族が外郭から殷王朝の宗教体制を支える構造になっているのである。こうした体制は古代王朝では一般的な支配形態であった。宗教的な体制であるから政治的な体制とは質的に異なるが、西周王朝が殷を滅ぼした後に政治的な秩序を構築していく過程において、こうした旧体制の諸族が官職に任命される形で吸収されていく。それらが西周王朝の官職名として残っていくのである。「御事」「三事」「卿事」「大史寮」といったものがそうしたものの例である。

紙幅の都合でやや急ぎ足で進んできたが、最後に原文第三節の結語を引用して締めくくりとしたい。第四節では西周時代の金文資料を用いて、西周王朝の官制を分析しながらそれらが殷王朝に由来するものであることが説かれる。後は読者の関心に応じて読み進められることを念ずる次第である。

殷室の地方に対する支配形態は、はじめは間接的に、王室の祭祀・載書を奉行せしめること、その祭祀・載書を受容させるという形式を以て行なわれていた。このように、その政治的支配が、支配者の祭祀に参加し包摂されるという、祭祀共同体的形態をとることは、ひとり中国の古代国家ばかりでなく、一般に古代国家における政治支配の形態であった。すなわちそれは神話及び神話に伴って秩序づけられている祭祀の統合という形式を以て行われる。殷の神話のうちには、すでにそのような統一者としての性格を顕著に示すものがある。そして王室と地方とを結合し、その支配を維持する方法として、使者が両者の間を往来した。使の初文である史は、本来は祝告を主とする祭儀の名であり、またその執行者であった。史が地方に赴くときには、王室の祝告・載書を収めた器を奉ずるが、遠行に当っては旗旍を用いるのが当時の習慣であったから、〓は長桿をつけて〓となり、またときには偃斿を加えて〓とも記された。かれらは王の代理者であったから、王使とよばれた。しかし政治的統一の欲求が高まるにつれて、単なる宗教的統合では王室を満足させることができず、そこに次第に政治的支配の意味が加わって、政治的・軍事的要素を濃厚にしてゆく。王使は単なる祭祀執行のための使者ではなく、その支配する地域に政治的・軍事的義務を課し、これを薫徳する行政官となり、軍事的指導者となった。王使の使命はすなわち王事であり、王事の執掌者はその地域によって西史・北史とよばれ、御史と称し、またその政務の内容から三事と呼ばれるものもあった。このように祭祀を通じての支配から、ついに政治的・行政的支配へと発展してゆくのは、古代国家が、その神政的形態から次第にその支配秩序を組織化し、政治形態を完成してゆく過程に相応ずるものであって、史の歴史、史から使・事への演化の歴史は、そのまま古代国家の成長と発展の過程を、如実に示すものであるということができる。そして殷の王朝は、卜辞時代の初期において、その神政的形態を保有しながら、すでに政治的段階にまで到達しつつあったことが、以上に述べた史系統の官制の発達を通じて理解されるのである。（五〇頁）［五九～六〇頁］

むすび

『甲骨金文学論叢』所収の初期論文の中でも特にスケールの大きい「釈史」を読み進めてきた。論及された問題の一部分について私なりの整理をしたに過ぎず、内心忸怩たる思いがある。だがそれはそれとして白川文字学第二世代としては、ノリトの問題についても簡単に記しておきたいと思う。冒頭でも記したように、日本語としての「ノリト」の原義は天皇や王が発する宗教的な意味をもった命令のことである。これは「釈史」の中で論じられた問題でいえば「使人」や「甶王叓（載王事）」に関わる。この任務を担う者が携行した「甶」には上記のような意味での「ノリト」が文字に記されて入っている。その使者は「ノリト」を行く先でそれを読み上げるということであろう。「戊子…令…叓…孝」［H20228］などはまさにそのような場景を物語る。しかし文字の出現以前には宗教的な意味をもった命令は発せられなかったのであろうか？

そういうことはあるまい。このような意味での「ノリト」は文字出現以前からずっと肉声で発せられてきたはずであるが、文字の出現によってそれが文書に記されるようになった。それが「𠙵」や「由」である。しかしながら、これらは神に奏上する場合にも、また神意に基づく命令を発する場合にも用いられている。それはなぜか？　肉声に代わって文字を用いなければならない事情が生じたからではあるまいか？　肉声によって行なうには困難な事情が発生したからではないか？　それが文字の誕生を促した。神との交信に用いられてきた文字が絵文字であることは、世界的に見ても普遍的な現象である。しかし殷王朝の後期武丁時代に誕生した「甲骨文」は単なる絵文字ではなく表音機能を具えていて、言語を記録する必要条件を有する。それに比して他の絵文字がことごとく滅んでいったのは表音機能を具えていなかったからである。表音機能を具えていない文字は、言語を記録するために必要な機能をもたない。唯一「甲骨文」のみが最初から表音機能を具備していた。このことが文字として滅びることなく、むしろ時代とともに発展していった理由だと思われるのである。「𠙵」字形がノリトを容れる器であるという白川博士の説を踏まえながら、ながらく文字誕生の問題を考えてきてようやくこうした考えに辿り着いた。これは第二世代としての重要なテーマであると考えて一言した次第である。

第三章　読「作冊考」

はじめに

「作冊考」は「釈史」続編の性格をもつ。「釈史」で論証された祝告器「𠙵」の中に入れる冊書「𠕁」の字源を考察するというテーマをもっているからである。しかし「𠕁」が冊書を示すというのは、ほとんど異論のない共通認識なのだから、あえて字源を論ずる必要などないではないかと思う向きも多いであろう。しかし甲骨文の用例と字形に基づいて字源を考える観点からすれば、「𠕁」は直接に冊書を示すものではなく、犠牲を養っておくための牢閑すなわち檻の柵を示すものであった。そしてそのような「柵」の意味から「冊書」の意味へと転換する論理をここで提示されるのである。手っ取り早く結論を知りたい人にとっては少々繁雑な展開になるが、甲骨文の用例の分析と字形解釈との両面から字源を考える、白川文字学の厳密さがよく出ていると考えていただければ幸いである。ただ、論文の構成は非常に複雑になっていて、「釈史」以上に読みづらいものになっている。〈白川文字学の原点に還る〉を継続してきた私の率直な意見を言わせて頂くならば、もう少し整理をした上で執筆できなかったものかということである。恐らく、書きながら考えるという書き方をされるのであろう。特に後半になると、前に述べ足りなかったことを補足する部分が次々に累加されてくる。しかもそのことに対する断りが記されないのである。先の方まで読んではじめて前に書かれていた事柄の意図がようやく少し分かるという具合である。

構成が複雑になったもう一つの原因と考えられるのは、謄写版（油印）を用いた執筆ということがあるのではないか。この時期、『甲骨金文学論叢』に収録された一連の長篇論文は毎月刊行されていた。まことに驚異的なペースでの執筆である。著者は謄写版の場合いきなり清書されるとのことである。部分的に間違ったところは上から修正するということはできるだろう。しかし文章の構成を大幅に変更することは難しい。下書きなしの清書という書き方が構成の変更をかなり制約している、ということなのではないかと思うようになった。これは前回の「読『釈史』」の時にも感じていたことであるが、今回そのような印象をいっそう強くした。そのような進んだり戻ったりする文章の構成であるから、著者の進め方に沿ってできるだけ忠実に再現しようとする立場からすると、私自身の書く文章も非常に整理の悪い文章になってしまうのである。今回は前回にもまして苦慮したところであった。

しかし別の観点から見れば、このことは博士自身の苦闘の跡を雄弁に物語っているということなのかも知れない。多分そうなのだろう。空前のスケールと高いレベルを有する文字学の体系を、実証的な手続きを踏みながら築くことの困難さ。そこに体系を築こうとする著者の鋼鉄のような意志の強さを感得できる。この「作冊考」は広く読まれる価値があるし、さらに前方へと歩みを進めていかねばならない。改めてそう感じた。

一　「作冊考」の構成と展開

著者による目次は次のようになっている。

一では、「冊」の原義について甲骨文の様々な用例に基づいて詳細に分析・検討を加えた後、牲獣を養う牢閑の柵であるとする。そしてその後「𠕋」の用例に基づく考察を交えながら、冊書（簿書）の意味になる論理構造について述べられる。

二では、「𠕋」を扱う職務を掌った沚𢦔［沚𢦔］の動向が分析される。その際、「爯」が挙揚する意味であり、沚𢦔の掌る「爯冊」する行為とは、祝冊（冊書）を挙揚する（高く掲げる）の意味であることが述べられる。これは一において予め述べられていた、『説文解字』の説をさらに『左伝』の用例によって補強する説である。このように解釈することによって、「爯冊」が「史」と共通する面をもつものであったことが暗示されてもいる。ここでは著者による断りが記されていないが、「作冊考」の三節末尾に近いところでこのことに言及されるので、そういう意図があったことがようやく分かり、一種の伏線になっていたことに思い至るのであるが、そこまでの道のりがあまりに遠いため、よほど注意深く関心をもって読み進めている人でないとそのことに気づくのは難しいように思う。また一度読んだだけでは気づきにくいことでもある。読者が途中で投げ出してしまわないように、予めここに記しておくことにする。

三では、金文に見える「作冊」の用例の分析がなされる。殷末から西周中期までの金文に「作冊」の名がかなり多数見える。そのことの分析である。とりわけ枢要なことは「作冊」を掌るものが殷系統の氏族であること、そしてそれが西周前期ではかなり重要な役割を果たしていることなどが記される。ところが、中期以降になると次第に見えなくなっていくこと、また見えなくなっていくのは「史」に吸収されていくからであるという分析がなされる。そこに殷から周への歴史的な大転換が窺われるという趣旨である。今、中期以降と書いたが、博士は貝塚茂樹氏の分期によっているため、後期以降とされている。今では少し古い分期となってしまったものであるが、博士の著作では貝塚分期が一貫して用いられているので、読者は頭においておかれるとよいと思う。

二　冊の本義（原義）について

従来の字源論を紹介し問題の所在を明らかにする行程に入っていこう。先ずは『説文解字』の許慎説、次いで近年の学者の説を採り上げるという順序である。一八九九年に甲骨文が出土し、その解読が進むようになってからは、甲骨文や金文の研究者が文字の字源を論ずる機会が増えた。それで近年の学者の説としてとり上げられるのは甲骨文金文の研究者に傾く。

許慎『説文解字』には次のように書かれている。

冊、符命也。諸侯進受於王者也。象其札一長一短、中有二編之形。（二下）
（冊、符命なり。諸侯進みて王に受くる者なり。其の札一長一短、中に二編有るの形に象《かたど》る。）

これによれば、冊は簡牘（竹や木を細く薄く加工して作ったもの）を並べてこれを結んだ形で、後世の簡策とその制が全く同じであるという。以下、博士の言葉を借りて要約するならば、簡策に長短の制があったのは事実であろうが、もしも簡策を結束したものという意味ならば、字形の上でその長短を等しくしないのはどういう理由に本づくのであろうか？　実際の簡策は一編の長さが等しいのが原則である。種類の違うつまり長短の異なるものを結束するというのは不思議な話である、ということになる。

近年戦国時代の簡牘類が多数出土していて、実物または写真を見ることができるようになったので、許慎説が簡牘の実状に合っていないことが分かるようになった。次いで董作賓の説に移る。

董作賓は、周知のように甲骨文の科学的な発掘整理と研究にたずさわり、甲骨学の飛躍的進展に大きく貢献した学者であるが、冊の字形は編簡の形ではなく、亀版を重ねて結束した形であるという解釈を提示した。その根拠としたのは、亀版の甲尾に「𣏔六」と刻されていたことであるが、これを「冊六」と解釈したことによる。しかし唐蘭・胡厚宣によって周到に論証されたように、「冊∧」はむしろ「冊入」と読むべきであり、「冊」は人名、「入」は亀版の進貢を表わすと読むべきである。かくて両説とも実状に合わない説であることを明らかにされた。

三 「𠕋(𠕋)」の用例分析

「冊」の本義(字源)を考えるために、卜辞に頻見する「𠕋」の用例が分析される。次のa～gまでの七項目についてそれぞれの用例を具体的に検討していくのであるが、今は簡略にそれぞれの要約を記しておくことにする。七項目に分けての用例分析がなされるとは、非常に周到なことであるが、読者の側からすると煩雑な感じがするであろう。それで私なりの助言をここに記しておくことにする。これら七項目の用例分析は、進むにしたがって「𠕋」の意味が絞られていくと同時に、「冊」の本義が「柵」の意味であったことが明らかになるように塩梅されている。そして【d】の図象文字の分析の所で一旦結論的なことが述べられた後、さらに補強の意味で、別方面からの用例分析が加えられるという構成になっている。分かりやすさを求めるなら、もう少し別の構成がなされた方がいいと思われるが、今は博士の記述に従って読むということであるから、このことを念頭に置かれるとよいと思う。

もう一つ付言しておいた方がよいと思われることがある。原文では第三節に当たる、金文中の「作冊」の職事を分析するところに入ってはじめて、ここに示される卜辞の用例分析とが繫がってくるのである。しかしそれにしても、このような構成になっていることを、著者は予め一言しておくべきであろう。そうしないと何のために細々と用例分析が繰り広げられているのか、読者に伝わらないために途中で投げ出す人も少なくないような気がする。論理的には緻密な内容を周到に展開するという構成になっているだけに、このちょっとした一言があるだけで読者は読み進むことができるのではないだろうか？

【a＝先王に冊するもの】

・其冊祖乙（其れ祖乙に冊せんか）

・貞、冊妣庚（貞ふ、妣庚に冊せんか）

・貞、冊妣甲（貞ふ、妣甲に冊せんか）

・冊祖丁（祖丁に冊せんか）

これと相似た用法に「釈史」で論及された「告」「祝」とがある。この「冊」も同じように考えられるが、著者はそのことに言及されない。おそらく厳密な分析考察を進めているので、共通点よりも先ずは差異に注目して厳密な検討を進めようとされるからであろう。そしてその差異に注目する観点から、後の用例で見るように「𠕁」には犠牲を伴う場合が多いので、むしろその犠牲の処置に関する語ではないかとされる。

【b＝𠕁と犠牲とをあわせ含んだもの。】

・于父乙𠕁宰御□（父乙に𠕁宰して、□を御せんか）［宰＝牲獣］

・□午卜、宆貞、御于祖辛𠕁十□（□午卜して、宆《ひん》貞ふ、祖辛に御するに、十□を𠕁せんか）

・丙寅卜、㱿（貞）、丁卯尞…𠕁卅宰

（丙寅卜して、㱿（貞）ふ、丁卯に……を尞き、……卅宰を𠕁せんか）

・□丑卜、…𠕁祖辛十五宰（□丑卜して、……祖辛に十五宰を𠕁せんか）以下、資料引用略。

これらの用例から言えることは次の三点である。

（1）犠牲を用いる他の祭儀とあわせて用いられているので、それらとは異なった仕方で犠牲を用いたであろうと考えられること。

（2）𠕁の目的は禦祀や求年（豊作を祈る）にあるが、必要に応じて臨時に行なわれているということ。

（3）𠕁における犠牲の数が、ほとんど常に出などの他の祭儀に比してはるかに多数であること。

このうち（3）は𠕁字の本義を考える上で注目すべき事実である。この【b】の例から推測できることは、牲獣に関係のある祭儀ではあるが、他の犠牲を用いる祭儀とは異なる仕方で行なわれ、しかも必要が生じた時にのみ行なわれるもの、また行なわれる時は多数の牲獣を対象に行なわれものではないかということである。

【c＝他の牲祭の牢数と比較して遥かに多数にのぼるもの】

・丁子（巳）卜、□年于丁、□十勿牛、𠕁百勿（犁）牛

（丁巳卜す。年《みのり》を丁に〔求むるに〕、十犁牛を□し、百犁牛を𠕁せんか）

・甲寅卜、□尞祖乙……十、卯三牛、用、血二牛、𠕁百卌……

（甲寅卜す。祖乙に……十を尞《や》き、三牛を卯《さ》き、用ひんか。二牛を血し、百卌……を𠕁せんか）

・癸亥卜、〔貞〕尞黄尹一豕一羊、卯三牛、𠕁五十牛

（癸亥卜して㱿貞ふ、黄尹に一豕一羊を尞き、三牛を卯き、五十牛を𠕁せんか）

これを仮に犠牲を用いる祭儀と考えると、卌から千にのぼる犠牲を常に用いることになり、現実的でない。そこから、𠕁なるものは、犠牲を用いる祭儀と考えるよりは、牲獣を補充するための祭儀ではないかという解釈が浮かび上がってくる。それなら「𠕁」の原義はいかなる

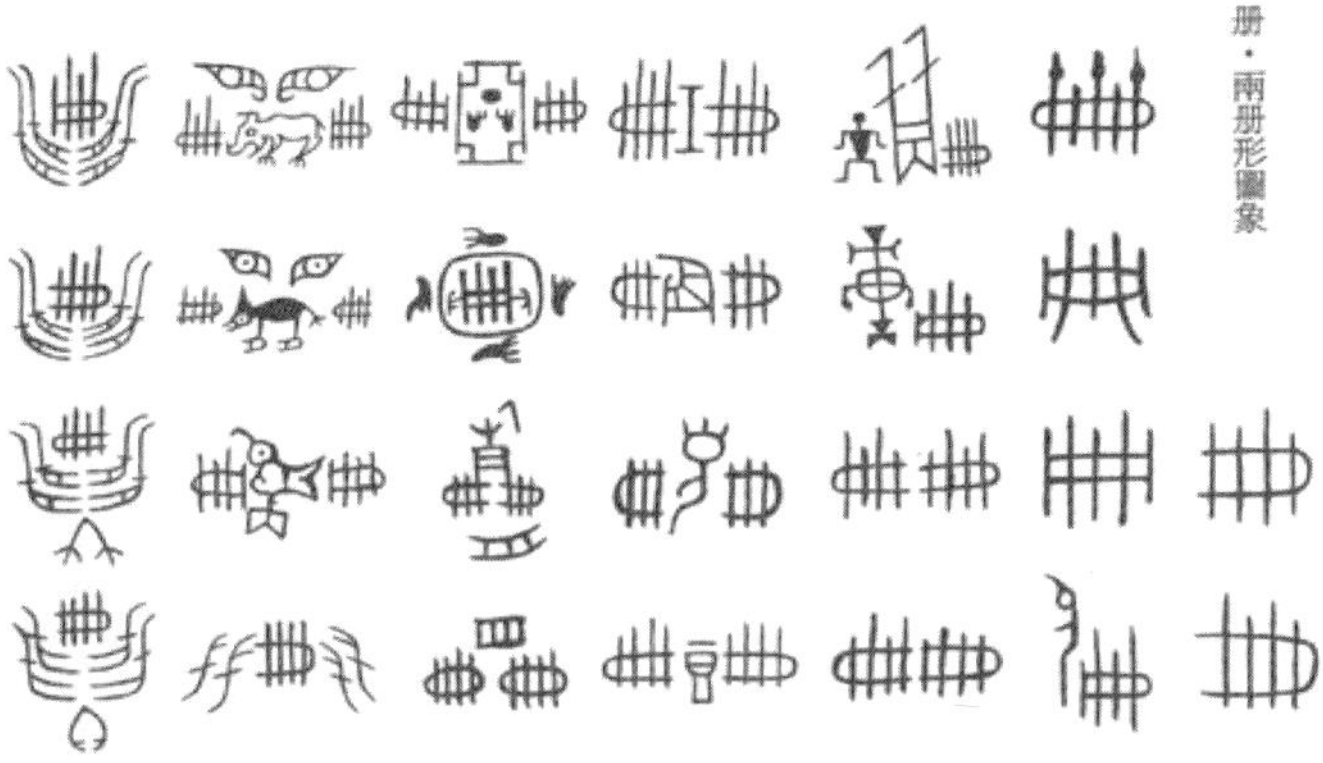

冊・兩册形圖象

意味になるのであろうか？「𠕋」は冊とㅂとからなる文字であるから、冊の意味から考えなければならないが、ここで「冊」が「柵」の意味を示す初文ではないかという案が暫定的に提出される。そしてその推測を助ける資料を見るために次の【d】の図象文字の分析へと進むという展開である。博士がここで特に断りを入れられないので注記しておくと、図象文字はその氏族の従事する職能を示す標識と思われるものが多いので、「冊」字形を含む図象文字の分析がなされるという次第である。

【d＝鳥獣の形と冊字とが組み合わされている青銅器の図象文字】

これら鳥獣の形に冊形を加えたものは「養獣の官」を意味したものと思われる。また、銘文を省略しているが、銘文の中に「作冊」の名の見えるものが三件あって、その青銅器の作器者が「作冊」を職とするものであることも分かる。してみるとこの方面から見ても、「冊」の原義を養獣のための牢閑

（檻）の「柵」と見るのがやはり適切なようである。そうしておいてさらに別の角度からもその解釈の妥当性が検討される。獣類は牢閑（檻）の中で飼養するのが普通であるから、これをわざわざ「𠕋」することの可否を占うということは、むしろそこに普通の飼養とは異なる意味があるものと思われる。つまり神に供するものとして、特別に潔清修祓（清め祓うこと）して祭儀に備えるものであろうということである。このことは「冊用」の二字を用いる用例が多いことからも分かる。

【e＝冊用の二字を連用するもの】

1　叀妣辛⿰礻冊用（叀《こ》れ妣辛に⿰礻冊用せんか）

2　貞、弜祖乙⿰礻冊用、于此、若
（貞ふ、祖乙に⿰礻冊用すること弜《な》きか、此に于いてするときは、諾なるか）

3　乙卯卜、沚𠕋用大戊……（乙卯卜す、沚《ゆ》きて大戊に𠕋用せんか……）

4　尞岳叀舊、⿰礻冊用三牢、王受又
（岳に尞するに叀れ舊のままなるか、三牢を⿰礻冊用するときは、王は祐を受けられんか）

5　其求年于河、叀舊、⿰扌冊用（其れ年を河に求むるに、叀れ舊のままなるか、⿰扌冊用せんか）

以下、資料を略す。

ここで注意を要するのは、この「用」字を単純に「用いる」の意味と解釈しやすいことである。詳細は省くが、「用」字の他の用例からすると、犠牲を用いることを意味した。とすれば、「冊用」という語はその語義をほぼ同じくする「冊」と「用」との熟語ということになる。また『説文解字』には「庸は用なり」としているが、「庸」は「墉」(垣の意)の初文である。とすれば牲獣を入れる施設となる。かくして「冊用」とは、犠牲を牢閑(檻)に納れこれを用いる意だということになる。また冊用の冊字がほとんど「示」に従っていて、祭儀であることを示している。一方「冊」が「𠕁」字形の場合もある。「𠙵」は祝辞を収める器の形であった。であるならば、「𠕁」はおそらく犠牲を飼養するために牢閑に入れることを神に(文字を用いて)奏上するの意となる。「𠕁」には獣牲にのみ行なわれるものではなく、羌(羌族)や南(苗族)・艮などを人身犠牲に用いることもあった。それが次に見るfの用例である。

【f=人牲である羌や南・艮などを侑薦(犠牲にする)する前に潔清しているもの】

1　庚子貞、夕福𠕁羌、卯牛一(庚子貞ふ、夕福するに羌を𠕁し、牛一を卯《さ》かんか)

2　來庚寅㞢……妣庚𠕁十艮……十南

(來庚寅に……㞢《まつ》り、……妣庚に十艮……十南を𠕁《まつ》せんか)

人身犠牲についても獣牲と同様に、「𠕁」の祭儀を行ない聖化したものと思われる。

【g＝他の祭儀とともに同時に行なわれるもの】

1 甲寅卜貞、三卜用□三宰、𠕋伐……
(甲寅卜して貞ふ、三卜して用て三宰を□し、……を𠕋伐せんか)

2 貞、㞢𠕋子商……（貞ふ、子商に㞢𠕋せんか）

3 貞、卯羌甲……御、福𠕋……（貞ふ、羌甲に……御するに、……を福𠕋せんか）

これらの例から見た「𠕋」の意をどのように捉えられているのか、明記されていないが、判断保留という例であろうか。

ここで小結としよう。このように「𠕋」の用例を一通り見てみると、「𠕋」は犠牲を畜養し修祓することに関する儀礼で、「𠕋」の原義はその畜養する犠牲をあらかじめ神に告げる（いわば登録する）点にある。そして「冊」の字形は、それらの犠牲を養っておく檻の柵の形であると考えられる。「冊」は「柵」、「𠙵」は文字で記した祝辞でもって神に奏上する意味である。そして「𠙵」をともなって神に奏上することから、「𠕋」字形の「冊」そのものが「𠙵」の中に入れる文書の意味に転化していくのは自然な成り行きである。

ここで私見を記しておくならば、「冊」字形は、甲骨文の段階ですでに柵と冊書の意味に分化しつつあったということであろう。「𠕋」は金文の場合には用いられなくなっているので、殷代固有の文字ということになる。しかも時期的には甲骨文第一期だけに出てくる文字である。その後「冊」字形はほとんど冊書の意味に専用されていったことになる。「冊」字形は字源論からすれば柵の形であるが、用語論からするとその後「冊書」の意味に分化していったということになる。文字使用にともなって冊書が登場し、柵の意味から冊書の意味が分化したように思われることを記して、次に進むことにしよう。

四　沚戓爯冊

前節では、「𠕋」の用例分析を通じて、「冊」の字源が犠牲に用いるための養獣の檻の柵の形であること、また「𠕋」という語として用いられるうちに「冊」が祭儀のことを記す文書をも意味するようになったことが明らかになったと思われるのだが、博士はこれでよしとせず、厳密を期して別の角度からさらに検討を重ねられる。

𠕋は「祝」「告」と同様に祖王神霊に文書でもって奏上する意味をもつ文字（語）であった。いまこれをあえてノリトという言葉を用いるのは避けておくことにする。むしろ博士が用いられるように祝告という語を用いる方が用法からして適切であろうが、ここでは「𠕋」と区別する必要があるので、「祝告」の語も用いず、多少の異和感があるのは承知で、あえて「文書でもって奏上する」という表現を採ることにしたい。議論の中に入っていこう。

先ず博士が整理された「祝」・「告」と「𠕋」との差異を整理してみることにする。

祝・告……祖王神霊に対して祟・禍を祓ったり、敵方のことを祖王神霊に奏上するもの。

𠕋……直接対象に向かって修祓あるいは呪詛を行なうもの。

ここでは「𠕋」とともに行なわれる「爯冊」の用例分析から意味の考察に進んでいくのだが、関係のある甲骨文の用例を全て眺望しながら進められるので、迂遠な進行になっている。読者は煩雑な印象を受けられると推測するが、厳密さを期する著者の周到な考察に従うほかはあるまい。ここでは「爯冊」に関係の深い沚𢦔という部族が登場する。

【沚𢦔爯冊の用例】

・己未卜、㱿貞、沚𢦔爯冊（己未卜して、㱿貞ふ、沚𢦔は爯冊せんか）

・乙卯卜、牽貞、沚𢦔爯冊、王从伐土方、受㞢又

（乙卯卜して、㱿貞ふ、沚戓爯冊するに、王は從ひて土方を伐つに、㞢又を受《さず》けられんか）

以下、資料省略。

博士はこれらの用例から、土方等の敵方と戦うに際して、「爯冊」という呪術的儀礼が行なわれ、その「爯冊」を概ね「沚戓」が担当するとする。

ここでは先人の説を検討しながら結論を示されるので、少し具体的に見ていくことにしよう。このあたり、読み進むのになかなか骨が折れるかも知れないが、重要な鍵を握っているところである。

「爯冊」の解釈には次の説がある。

1、于省吾説……冊命を称述する意。
2、董作賓……封冊の意。

1の「冊命を称述する意」とする于省吾説はかなりの詳論を展開しているため説得力があるかに見えるが、直接には「稱は述なり」という『国語』晋語の注に従う説である。それに対して博士は、「稱は述なり」の訓は必ずしもそれほど古い用法ではなく、後世の転義であるとする。

そしてより古い用法として『尚書』「君奭」の「丕《おほ》いに單《あつ》く徳を稱《あ》ぐ」、同「牧誓」の「爾《なんぢ》の戈を稱げよ」の例を挙げた上で、「稱（称）」の古義はむしろ「擧（挙）」であるとする。そしてその意味の用例を『左伝』からも拾い上げている。「禹は善人を稱《あ》ぐ」（宣公一六年）、「女《なんぢ》、何の故に兵を蔡に稱《あ》ぐ」（襄公八年）、「而《なんぢ》兵を稱げて以て我を害す」（襄公二七年）、「其れ以て旌繁を稱《あ》ぐべきか」（哀公三年）等の例である。「稱」には軍事に関する例が多いのである。それだけでなく、『説文解字』「爯」の字説に「爯は並び擧ぐるなり」、「偁」の字説にも同じく「偁は揚ぐるなり」とする例を擧げて、許慎説が従うべき説であることが述べられる。さらに卜辞の別の用例をも加えて、「爯冊」とは「冊を挙揚する」の意味だとされる。

2の「封冊の意」とする董作賓は、『殷暦譜』という独自の暦譜を作成し、「沚戠爯冊」関係の卜辞を武丁期二八年から三二年の間の日月によって配列した上で論を立てるという、董作賓ならではの立論である。一見厳密な分析のように見えるが、日月を判定する上でさしたる根拠があるものではない。それにこの暦譜によって「封冊」の意と判断できるわけでもないのである。また、「爯冊」を「封冊の意」と解するなら、その後に軍を率いてこれを伐つという用例をもつものがあり〔前掲〕、前後相矛盾することになる。根拠とする資料そのものに破綻が見えるということは、おそらく最初から「封冊」の意と決めてかかっての議論であると思われる。

かくて両説の成り立ちにくいことが明らかになった。そこで「爯冊挙揚」説に戻り、また別の方面からの検討を続けることになる。

五 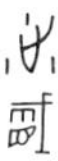（沚戓）とは何か

順序が前後したが今度は再び「沚戓」についてである。部族名であることはすでに周知のことになっているので、どういう目的で再考されるのか不審に思う向きもあると思うが、「沚戓」が殷王朝の中でどのような位置にあり、どのような仕事に従事していたのか、絞り込んでいくための分析考察である。これが後で、「史」「使」と「爯冊」とが繋がっていくことの伏線になっているわけである。

「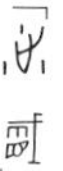」の釈字と解釈とについては諸説あり定見を得られていないが、仮に「沚戓」と表記して進めることにする。また「沚戓」として二字連称する場合と、「沚」「戓」として単用する場合とがあって、その関係が詳らかでないが、用例を見ていると、「沚」と「戓」とには一応の区別があったようである。「沚」「戓」とを単用する例から見てみよう。

【沚の用例】

・□戌卜、牽貞、沚乎來　四月（□戌卜して、牽貞ふ、沚は來らしめんか、四月）
・方不其來」方其來于沚」貞、方允其來于沚」貞、乎往正」
（方は其れ來らざるか」方は其れ沚に來たらんか「貞ふ、方は允《まこと》に其れ沚に來たらんか」貞ふ、
往きて征せしめんか）
・癸□卜、王貞、羌其發沚（癸□卜して、王貞ふ、羌は其れ沚を發《をか》さんか）
・王使人于沚、若（王の人を沚に使せしむるに、諾せんか）

これらの卜辞例からみると、「沚」が部族（氏族）名であることが分かる。しかも「多沚」という場合もあるので、相当有力な部族であったと思われる。また「使人于沚」という、王室から「沚」に祭事を行なう使者を出す卜辞例があり、殷王室との関係が深かったことが推測できる。

【戠の用例】
・王从戠」貞、王勿省土方（王は戠を從へんか」貞ふ、王は土方を省すること勿きか）
・貞、勿从戠、伐土方（貞ふ、戠を從へて、土方を伐つこと勿きか）
・王𡆥曰、戠其出、叀□。其允戠至

の方面からの検討を続けることになる。

五　（沚𢦔）とは何か

順序が前後したが今度は再び「沚𢦔」についてである。部族名であることはすでに周知のことになっているので、どういう目的で再考されるのか不審に思う向きもあると思うが、「沚𢦔」が殷王朝の中でどのような位置にあり、どのような仕事に従事していたのか、絞り込んでいくための分析考察である。これが後で、「史」「使」と「爯冊」とが繫がっていくことの伏線になっていているわけである。

「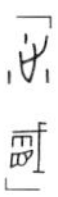」の釈字と解釈とについては諸説あり定見を得られていないが、仮に「沚𢦔」と表記して進めることにする。また「沚𢦔」として二字連称する場合と、「沚」「𢦔」として単用する場合とがあって、その関係が詳らかでないが、用例を見ていると、「沚」と「𢦔」とには一応の区別があったようである。「沚」「𢦔」とを単用する例から見てみよう。

【沚の用例】

・□戌卜、夅貞、沚乎來　四月（□戌卜して、夅貞ふ、沚は來らしめんか、四月）

・方不其來」方其來于沚」貞、方允其來于沚」貞、乎往正」（方は其れ來らざるか」方は其れ沚に來たらんか「貞ふ、方は允《まこと》に其れ沚に來たらんか」貞ふ、往きて征せしめんか）

・癸□卜、王貞、羌其發沚（癸□卜して、王貞ふ、羌は其れ沚を發《をか》さんか）

・王使人于沚、若（王の人を沚に使せしむるに、諾せんか）

これらの卜辞例からみると、「沚」が部族（氏族）名であることが分かる。しかも「多沚」という場合もあるので、相当有力な部族であったと思われる。また「使人于沚」という、王室から「沚」に祭事を行なう使者を出す卜辞例があり、殷王室との関係が深かったことが推測できる。

【戠の用例】

・王从戠」貞、王勿省土方（王は戠を從へんか」貞ふ、王は土方を省すること勿きか）

・貞、勿从戠、伐土方（貞ふ、戠を從へて、土方を伐つこと勿きか）

・王固曰、戠其出、叀□。其允戠至

（王占《うらなひみ》て曰く、𢦏は其れ出でん、叀《こ》れ□ならんと。其れ允に𢦏至れり）

以下、資料略す。

この用例からすると、土方に対して伐（侵攻）したり、省（討伐した国を巡視）したりしているので「𢦏」の方が軍事的には有力であったようである。ただ「辛酉卜、㱿貞、王从𢦏」辛酉卜㱿貞、王叀沚𢦏从（辛酉卜して、㱿貞ふ、王は叀れ𢦏を従へんか」辛酉卜して、㱿貞ふ、王は叀れ沚𢦏を従へんか）」のように「沚𢦏」と連称されることも多く、一部族のように見なされていた可能性もある。

六　爯冊とは何か

以上で「沚𢦏」という部族の大凡の輪郭を摑んだわけであるが、次に「沚𢦏」がほとんど独占的に担当していた「爯冊」関係の卜辞を見ていくことにする。逆戻りしているような錯覚を覚える読者もあるだろうが、厳密かつ周到に論じようという博士の姿勢からくるものである。原文では「沚𢦏」以外の例も掲げながら進められる綿密極まりないものだが、私の見たところ、直接関係のない卜辞で省略しても良いと思われるものもあるように思う。ここでは論理の道筋を理解すればよいと思われるので、省略しながら進めることにする。

・貞、王勿从沚𢦔」貞、于唐告」貞、王从沚𢦔」貞、告𢀛方于上甲
（貞ふ、王は沚𢦔を従ふること勿きか」貞ふ、唐に告せんか」貞ふ、王は沚𢦔を従へんか」貞ふ、𢀛方を上甲に告せんか）

・貞、令从沚𢦔、示左　七月（貞ふ、沚𢦔を従はしめて、左に示《いの》らんか　七月）

・……爯冊、王从、下上若、受我又
（……爯冊に、王従ふときは、下上諾せんか、我に祐を受けられんか）

・己巳卜、㱿貞、勿〔令婦〕好、乎从沚𢦔〔伐土方〕、下上若、受我〔又〕
（己巳卜して、㱿貞ふ、〔婦〕好をして、沚𢦔を従へて〔土方を伐た〕しむること勿きか、下上諾せんか、我に〔祐〕を受けられんか）

・……爯冊、王勿孽（……爯冊するに、王に孽《わざわひ》勿きか）

・貞、𢦔爯冊王孽《わざわひ》、帝若（貞ふ、𢦔は王の孽を爯冊するに、帝は諾せんか）

これらの用例から分かることは、沚𢦔は、𢀛方や土方などを征伐する際に、王や王族に従って征伐に伴う祝告を掌ることを主な任務としていたようである。沚𢦔の行なう「爯冊」とは「告」

や「史」と同じように「ㅂ」を掲げることと思われるが、「告」や「史」よりも多様である。

ここで博士の「小結」を引用して次に進むことにしよう。ここまでの展開を大きくまとめる内容になっているので、頭の中を整理する上で大変有益である。

> 冊は、本来は牲獣を飼養する牢閑闌檻（柵）の象であるが、転じて、牲獣を聖化するための儀礼、また牲獣を備えることを神に告げる儀礼をも意味した。𠕋の字は、おそらく神霊に対する犠牲の品目を記し、これをㅂ形の器に納めて奏告する意を示したものと思われる。それはまた転じて、犠牲を供薦して神に祝告し、あるいは王の龏擘（禍の意）を祓い、外族の妖雰を祓う祭儀の意となった。〔中略〕卜辞に多見する「沚戠爯冊」とは、冊祝を主掌するそのような職能的氏族であったと考えられる。〔中略〕これを作冊の一つの祖型と考えて差し支えないのではないか。〔以下略〕（一四一頁）〔一六八頁〕

七　作冊という職事

ここからは金文を資料とした考察である。考察は三段階に分けて進められる。とはいえ、この進め方についても著者の断りがないので、読者は行き迷う思いになると思うが、ここでその三段階を整理して読み進めやすいようにしておこう。

第一段階……金文の図象文字の分析考察
第二段階……金文の銘文の分析考察（一）殷末から西周初期の銘文
第三段階……金文の銘文の分析考察（二）西周前期〜中期の銘文

さらに内容に関する簡単な注も加えておこう。

第一段階の分析考察は既述のことと重なる点があるが、厳密を期して再度詳細に検討するということである。ここではまた既述の「冊」の用例分析の結果と繋がってくるので、論全体の説得力が増すところでもある。

第二段階の分析考察は西周王朝の傘下に「作冊」として入った殷系氏族の分析考察である。「作冊」という官職が西周王朝の中でも重要な位置にあったことが述べられる。

第三段階の分析考察は西周中期から始まるところの、いわゆる「冊命形式金文」（官職任命式の次第を記録した銘文）に見える「作冊」「内史」の動向の分析である。「作冊」が「史」系統の官職に吸収されていく過程を考察するという意味がある。

第一段階の金文の分析に入る。銘文ではなく図象文字の分析考察である。作冊の考察に入る前置きとして、「冊」字形の見える様々な金文の図象文字が掲げられる。この観点からは本稿三節の『冊』の用例分析」の【d】項で数例を対象にした分析がなされ大観を得ていたものであるが、厳密を期して再度詳細に検討するということである。次のように三つの型に分けて進められる。以下、博士は多方面に眼を配りつつ分析を進められていて、殷王朝の職能集団の職事内容が単純に分化していたのではなく、様々に複合していた様相を描出される。詳しくは本文を読んでいただくとして、ここでは単純化した形で整理して読み進む上での目安にしていただくことにする。

Ⅰ　戈形を伴うもの
Ⅱ　奉冊形のもの
Ⅲ　子人形を伴うもの

Ⅰは、軍事に関わる氏族と思われるものであるが、中には両冊形のものも見え、養獣をも掌るものと思われる。この点で、「冊」が軍事にも養獣にも関係の深いものであることを反映するものと思われる。

Ⅱは、祭儀に用いる農具を祓禳し収蔵する儀礼を掌るものと思われる。

Ⅲは、この子字形は殷室の王子たちを示すものであるが、その図象文字の中に冊・戈などの祭儀を示すものがあり、そのような儀礼を掌るものであったと思われる。

以上のように細部にわたる観察を示しながら、武器や養獣・農具などのことを掌りつつ、また冊書を作り、神に奏上する祝告をも掌っていたことが導き出される。それでやがて「作冊」と呼ばれるようになるのだという解釈を示されるのである。「作冊」の源流をこのように結論づけられるのであるが、考察はこれで終わるのではない。それというのも、官職としての「作冊」の動きは、殷末から西周時代前期を経て中期以降に至る銘文の内容を歴史的に見ることによって具体的に知ることができるからである。前回対象にした「史」の場合にも殷から周にかけて意味の変化があったように、「作冊」にもそのような変化がある。そしてその変化の背後にあるのが、殷周の王朝の交替（殷周革命）という大きな歴史的事件である。博士が一々記されないためにここまで読みとることは難しいかも知れないが、「作冊考」の進んでいく方向は、そのような歴史的動向を背景にして意味の変遷があったことを間接的に述べることにある。このように博士の字源論は原義を追究するだけに留まらない。その後の語（字）としての意味の歴史的変遷をも跡づけて完結するのである。そこを読みとってはじめて博士の字源論を理解したことになるのだといってよい。読む側からすると大変煩雑であろうが、こうした博士の一々記されない意図を念頭に置きつつ読み進めていただきたいと思う。

ついで金文（銘文）の分析考察第二段階に入る。殷末周初の金文十器の分析考察である。

1〈王宜尸方甗〉 2〈父乙鼎〉 3〈令𣪘〉 4〈令彝〉 5〈𨤍卣〉 6〈作冊大鼎〉 7〈睘尊〉 8〈睘卣〉 9〈宅彝〉 10〈癸亥盤〉。

これらの銘文の読解を通して、冊字形をもつ図象文字の青銅器が「作冊」を職とする者の器であること、その殷系の作冊が周の宗廟の儀礼に参与していることなどが具体的に考察される。殷代の重要な官職（職能）であった「作冊」が西周王朝の傘下に入ってもそのまま職を世襲している様子を描き出されるのである。

第三段階に進む。ここでは最初、西周前期の金文（銘文）二器11〈麦尊〉と12〈吳方彝〉が対象となる。これらは「冊命形式金文」（官職任命式の次第を刻した一群の銘文）以前のものである。この時期は西周王朝の時代であるとはいえ、殷の文化の名残が濃厚な時期、殷的なものがまだ根強く残っていた時期である。その時期における殷系氏族の動きを分析しているところなのだが、この分析考察はまた、少し後の時期に出てくる「冊命形式金文」以降の銘文との差異を念頭に置きながら進められている。つまり、「冊命形式金文」出現の以前と以後との銘文の差異に「作冊」の消えてゆく過程を観察しようという狙いである。それでこの後改めて「冊命形式金文」の一群の金文（銘文）の分析考察に入るという次第になっているのである。

先ず、「冊命形式金文」以前の時期のものである11〈麦尊〉と12〈吳方彝〉を対象に分析考察がなされる。これらの作器者がいずれも作冊の職にあるので「作冊麦」「作冊吳」と呼ばれているが、その具体的な動きを分析するのである。「吳」の場合〈吳方彝〉では「作冊吳」と呼ばれているが、これが「冊命形式金文」である〈師虎𣪘〉では「内史吳」となっている。そして「作冊」の名が消えていくという現象がそこに観察されるのである。そのような現象を物語る資料として、後ほど改めて「冊命形式金文」の一群の銘文二九器を挙げて分析考察される。

以下、私なりにいくらか解説を交えてまとめに入っていくことにしたい。作冊某とされる作冊の官は、西周中期頃まで殷系の人々によって多く占められていた。西周中期頃から見える「冊命形式金文」に記録される任官式の場では、王・受命者・右者（受命者の補佐）を主体に挙行される。すなわち右者が受命者を伴って門から入り中廷に誘導し所定の位置に即く。その後、王が冊命を行なって官職に任命するのである。冊命とはそのことを記した冊書を伴う任命ということである。この冊書の作成を作冊や史が担当するということであるが、その冊書の内容を読みあげることを記した銘文もあるので、冊書の作成と読みあげ（発号）をも担当していたのであろう。作冊系の官職名としては作冊尹・尹氏・命尹・作命内史・作冊内史・内史・内史尹・作命臣工などと様々な名称が見えるので、そこに官職の分化という現象を見ることができるのである。

ここでようやく史と作冊との密接な関係に言及されるのであるが、博士は史と作冊とが元来その職掌を異にしていることを強調されてきたために、ここまで言及されなかったのであろう。ここではじめて「史（[illegible]）」字形が冊書を挙揚する形であることが述べられ、作冊が史官系統に吸収されていく道を辿っていたとされるのである。

最後は「作冊考」全体を要約する文章でしめくくられる。少々難しい文章かも知れないが、簡潔に記されているので、著者の意図を確認するのにちょうどよい。

> 作冊の職は、殷代に盛行した供犠を背景として生まれた。犠牲を修祓し、祝告することが、その原初の職掌であった。しかし𠕋祝のことはひとり犠牲に対してだけではなく、邪霊による咎禍に対しても行なわれ、王の疾病・自然の災禍・外敵の侵寇に対しても、そのような宗教的儀礼の有効性が信じられていた。祭祀と政治とがなお未分の状態にあった当時に於ては、王室に服属する諸族に対する政治的関係は、王の使者を迎えて祭祀を行なうこ

と、卜辞に習見する「王事を甾（載）はんか」という形式で問われるのである。冊告を行なう祭祀は史とよばれ、その使者は事とよばれた。そして王事は「王事」とかかれていることが多い。使と事とは、殆ど区別することなく用いられている。そこから卿事・三有事などの官名が生まれる。従って事には、祭事の他にも、軍事や行政を兼ねる面がある。三有事がまた参有𤔲（司）と書かれるように、事系統がまた𤔲系統の諸官となり、これらが周代官制の大宗となり、史が書記官としてその下に配属されることとなった。

殷代の軍事は王及び王族、すなわち多子・多子族・多婦を中心に、職能的には師某、また沚𢦔や望乗などがあり、また軍礼には多くの巫祝が従った。左伝成十三年に「国の大事は祀と戎（軍事）とに在り」とみえるが、その祝告を掌るものが作冊と史とである。それで周代の廷礼においては、はじめ作冊の地位は、聖職者に並ぶほど高いものであった。しかし王権が強くなり、内廷の勢力が安定してくると、内史・内史尹・作冊内史の諸職が廷礼を掌るものとなる。

東周以後、作冊の名は文献にみえない。その職は『周礼』においては、ほぼ春官大祝・小祝に当っているが、その職事の範囲は専ら祭祀儀礼の面に限られている。また史は、西周期にはかなりの盛職であったが、その後期になると史正〈散氏盤〉・史小臣〈大克鼎〉のように、書記官化してきている。もし青銅彝器の製作・所有を以てその職の盛衰を測ることができるとすれば、殷代及び周初には作冊系の諸職が盛職として栄え、西周後期には史系の諸職が興ったということができよう。この事実は、その背景として、殷周両王朝の、古代王朝としての性格の相違を、反映していると考えることができる。尤も周代官制の大宗は卿事・有事の系統と、それから出た嗣系統の諸官であって、西周の廷礼諸器においては嗣（司）徒・嗣（司）馬の属が卿として公伯を称し、また内官であった宰・膳夫などが実権を把握しているときもある。天官冢宰を頂点とする周礼的な官制は、ほぼこの頃から金文にみえはじめるのである。

作冊系の諸官は、一言にしていえば、古代的神聖国家（王朝）の政治形態を反映するものであった。作冊は、西周の初期頃までは盛職として重んぜられ、かれらの作った彝器もかなり伝えられている。ところが、西周中期を経て、末期（後期）の恭王期頃から、冊命形式の定型化が見られ、作冊と史官との分離、史官の漸次的な優位が起る。ここでは、作冊は多く冊命の起草者として、廷礼に参加しているに過ぎない。これは、周王室を中心とする新しい政治秩序の成立、新しい政治的社会の安定を意味するものがある。このようにして、われわれは、作冊諸職の沿革のうちに、殷周両社会の社会的性格の変化の姿相と、そのような変化をもたらした原因について、若干の事情をうかがうことができると考えるのである。　（一六三〜一六四頁）［一九七〜一九八頁］

むすび

白川博士の労作「作冊考」を読む過程で考えたことを三点ここに記しておくことにする。冒頭でも書いたように、「作冊考」は、かなり複雑な構成をもつ「釈史」以上に、複雑な構成になっていた。ここに悪戦苦闘されている博士の姿を見る思いがするのだが、私の見たところ、論証に難渋されていた原因は、「𠕋」の字源が「柵」であるのに、用語の面から見るとすでに「冊書」の意味に分化しているらしいことをいかに論じるかというところにあったのではないかと思われる。用語論だけからすると、ほぼ冊書の意味に使われているのだから、「柵」を字源とする必要はないと割り切る向きもあるだろうが、そうすると字源論としては十分なものにならず、総合的かつ厳密に考える観点からは疑問が残ってしまうのである。総合的に見るならば、複雑でややこしい内容になってはいても、この「作冊考」で論証されたことが最も多くの不明点を説明するものになっていると言うことができると思う。しかし論証が複雑になっている別の原因について、私なりに考えていることがあるので、そのことを記しておきたい。

ここで論じられた「爯𠕋」とは冊書を挙揚することを示している。「𠕋」は冊書をも意味するようになっていくのではあるが、もとは檻の「柵」であった。ここで「𠕋」字形は柵を原義としつつも、「𠕁」の祭儀を行なう過程で「𠙵」の中に入れる冊書の意味をも示すようになっていくということであった。一種の混用という現象である。混用という現象は甲骨文や金文では必ずしも珍しいことではない。そのことは「釈史」にも述べられていたように、「史」と「使」・「事」とが混用されている現象からも窺うことができる。例えば「史」字が西周時代の金文でも使役の意味に用いられている場合があるのである。概念の差異を厳密に意識する現代の我々からすると容認しがたい言語現象ではあるが、実際に行なわれている現象である以上、誤用としてしまわない方がいいだろう。むしろそのように混用されるところに文字の原義を考える材料があるとすべきであり、博士の考証はそのようなことをも念頭において行なわれたものである。

ではそのような混用が「𠕋」の場合に起きた原因はどこにあるのだろうか。この点について私の考えるところを記してみたい。それは冊書や簡策という語で表わすところの木簡・竹簡類という文字書記の媒体が、「柵」の形状をヒントに作られたからではないかということである。現在の日本では「柵」の音を「サク」、「冊」の音を「サツ」と読んで区別する習慣になっているが、「冊」を「サツ」と読むのはいわゆる日本の慣用音である。許慎の『説文解字』によれば「柵」「冊」ともに反切で「楚革切」としていて「サク」の同音である。西周時代の「冊命」

という語を『春秋左氏伝』では「策命」と表記するようになるが、「サク」の音で継承されている。この「策」の音も『説文解字』は同じように「楚革切」としている。亀甲・獣骨や青銅器という媒体を除けば、中国では動物の皮などに文字を記さず、木簡・竹簡に記されてきた長い歴史がある。これは文字使用の当初から用いられた媒体がそのまま継承されてきたからではないかと考えるのである。あくまで私独自の暫定的な考えに過ぎないが、このように考えることによって、「冊」字形が柵を原義としつつも冊書の意味にも使われていく過程が論理的に理解できるように思うのである。

最後に、博士の展開された論証の一部分について若干異なる考えをもつにいたったので、そのことについても記しておきたい。「爯冊(冊)」「史(史)」「使 使(使)」の関係についてである。「爯冊」が祝告器(冊書)を挙揚するという意味であることが明らかになったが、博士が論証の過程で言及されたことがあるように、これを一字で表わした文字が「史」「使 使」である。しかし「爯冊」の方はしばしば従属しない部族を征伐する前に行なわれることがある。これを博士はその部族に向けて行なわれる呪術的な行為とされた。この点である。私がここで述べてみたいことは、この「爯冊」を「史」「使 使」に相当する行為と見てはどうかということである。特に他の部族に向けて行なう場合は「使 使」すなわち「使」に相当し、神々などに対して行なう場合は「史」すなわち「史」に相当する行為とみるのである。他の部族に対して「爯冊」した後、征伐する用例があってこれをどう解釈するか難しいところであったが、その場合は、その部族が「王事を載（行）なう」（殷の祭祀を行なう）ことを受け入れないとみて、武力行使するものだと見ることができないであろうか、ということである。祭儀や呪術的行為と見なす考えを否定するわけではない。神政王朝の時代の卜辞に出てくる事柄である以上、公的な行ないであるから、儀礼性を帯びるものであることは否定できない。しかし博士も記されているように「史」は「史祭」とされながらも詳細については分らない祭祀とのことである。また「告祭」のように古典文献に記されて後世に伝えられた祭祀でもない。何よりも甲骨文第一期である武丁期にほとんど限られたものである。また「爯冊」も同様に第一期に限られている。であるとすれば「史祭」というような呼称を用いて、他と区別すべき特別な祭儀のように考える必要はないのではあるまいか。もしも「史」が「史祭」と呼ぶような重要な祭儀であるならば、その後も祭儀として継承されねばなるまい。そのように考えるよりはむしろ、冊書を挙揚する行為（呪術的な意味を帯びた行為であることを否定しない）において共通するわけであるから、一字・二字の違いがあっても概念としてはほぼ等しい意味をもつと考えれば一応の解決をみるのではあるまいか。今後も追究すべき問題として、現時点で気づいたことを記してみた。

第四章　読「釈師」

○「釈師」の構成と展開

今回は「釈師」を読む。複雑な構成になっていた「釈史」や「作冊考」に比べるとすっきりした構成で格段に分かりやすくなっている。早速その構成を整理してみよう。

一　師の初義に関する諸家の説
二　卜辞・金文中の𠂤に従う字
三　𠂤を用いる儀礼
四　卜辞中の師
五　金文中に見える西周時代の師

『甲骨金文学論叢』所収の字源論のスタイルがここでも採られている。ここまで読み進んで来た人には抵抗なく入ることができるだろう。それぞれ見出しを付けておいたので、進む方向もお分かりいただけるはずである。六章の構成は大略次のようになっている。

前半の三章は「師」の字形と用例とから追究する字源論である。

一では、従来の諸家の説が紹介され検討を加えた上で問題点の所在が整理される。

二では、卜辞と金文の中で「𠂤」字に従う字を全て列挙し、それらの意味を丁寧に分析する。そしてその中から、「𠂤」字形が祭肉の形を示すもので胾の初文であることを導き出すのである。文中で、祭肉・胙《そ》肉・脤《しん》肉と種々の語が用いられるがみな同義である。またこの「𠂤」字形が大きな肉の塊(大臠《れん》)を示すものとし、これを更に切って小さくしたもの(小臠《れん》)を示すのが「」字形であることを導き出し、その字形を含む文字群へと検討対象を広げていくという展開になる。胙肉の使われ方を記す『左伝』の記事を紹介しながら、それが氏族間に行われた血縁集団における共同聖餐的な意味をもつものであったことへと進んでいく。

三では、「𠂤」が儀礼に用いられるものであることが明らかになったことを踏まえて、「𠂤」を用いる儀礼を、文献・卜辞・金文へと広く渉猟することによって、それが軍を発するときの儀礼であるという結論へと導いていく。以上前半の三章で字源論そのものは一段落する。

後半の三章では視点を換え、「師」の具体的な様相を時代別に分析していく。殷代の卜辞(四)、西周時代の金文(五)、春秋時代の様子を伝える古代文献(六)というように、資料を時系列に沿って時代毎に分析することによって、「師」の歴史的変遷が浮き彫りにされる。こうして、前半の字源論で析出された結論が疑問の余地のないまでに仕上げられるのである。周到極まりない博士の論証の特徴がよく出ている論考である。以下、順を追ってたどることにする。

一　師の初義に関する諸家の説

導入部で古代文献に見える師の職を列挙しながら、論考の進むべき方向が先ず示される。

師はもと殷周の盛職であって、官制上重要な位置を占めていたことが明かである。師の本義が師旅にあったことは、その用法から見て疑いのないことである。転じて衆・長・師儒の義となり、また百工諸官の長をも師と称するに及んで、その用法は甚だ広くなった。いま殷周期の師系諸職の源流を考えるに当って、まづ師字の初形初義の考察からはじめよ

う。（二〇七頁）［二五五～二五六頁］

「師」が本来「師旅（軍隊）」の意味であり、それが「衆（多い）」「長」「師儒（学問を教える人）」となり、「百工諸官の長（長官）」へと変化していく語義変遷の歴史が述べられているのである。軍隊を意味する「師旅」という語は『周礼』に「五百人を旅と爲す」あるいは「五旅を師と爲す」などとその差異が説かれるようになるが、そのような区別は後世のことである。初義を追究する意図をもつここでは、「師」「旅」ともに軍隊の意味があることを意識して用いられている。文中で他に「軍旅」という語が用いられることもあるが、必ずしも軍の遠征を意味するわけではなく、やはり軍隊の意味で用いられる。同語反復を避けるために言い換えられているだけのことで、博士の修辞上の特徴の一つだと思っていただければよい。ともあれ「師」字の初形「𠂤」の初義の考察に入っていく。

「師」の初形「𠂤」に関する先人の説の代表的なものがとりあげられる。まず許慎『説文解字』から。許慎は「小𨸏也。象形。凡𠂤之屬皆从𠂤。」（小𨸏なり。象形。凡そ𠂤の屬皆𠂤に从《したが》ふ。）とする。「𨸏」部のところで「𨸏大陸也」としていることから、許慎は土の堆積した形状を「𨸏」「𠂤」と考え、大きなものを「𨸏」、小さなものを「𠂤」と解釈していることが分かる。小さな岡や堆土に類するものである。『説文解字注』の段玉裁は許慎の説を踏襲して、『広雅』の「𠂤細阜也」を引用したりするにとどまる。

清末の金文学者孫詒譲は金文の知識を援用して、「𠂤」字を金文の「〓」に相当すると見做してこれを山の形と考え、金文に「〓」の字形があることから、これをさらに甲骨文の「〓」に近いと考えるにいたる。字形が比較的近いという理由から、「𠂤」字が金文の「〓」と甲骨文の「〓」とを同字と見る説である。しかし金文と甲骨文の語としての用例からみると「〓」も「〓」もそのような意味に用いられる例がない。甲骨文と金文の研究で有名な郭沫若も孫詒譲説を継承していて例外ではない。甲骨文の実例に当たると、『説文解字』が「𠂤」字とする文字は、「〓」「〓」「〓」「〓」「〓」「〓」「〓」「〓」のように「〓」「〓」の形に作るか、あるいはまた「〓」「〓」「〓」のように「〓」「〓」に従っている。このことからして「𠂤」と「〓」とは明確な差異がある。この段階で白川博士は「𠂤」すなわち「〓」「〓」の字形を階段状になっている祭事と関係があるものだという自説を記しておき、「𠂤」に関する『説文解字』の「山無石者、象形」という説への反対の意を明記しておくのである。そして「𠂤」とは別字である「〓」の原義が何を意味したか、「師」字の意義との関係をどこに求めるかという具体的な問題へと入って行く。

その後も中国の学者孫海波の説と日本の学者加藤常賢の説を追加するような形で批判的に紹

介され、問題点の所在をより一層鮮明にされる。甲骨文の「ϑ」と説文の「𠂤」とを同一同原の字だとする大前提が成り立たないとすれば、従来の説はことごとく崩れてしまうことを再確認するという趣旨であろう。

二　卜辞・金文中のϑに従う字

前節を受けて、「ϑ」字形が小阜（小さな岡）であるのかどうかの見極めに入る。甲骨文と金文の「ϑ」字形を含む全ての文字を検討することによって、「ϑ」がいかなるものであるかを考察するのである。

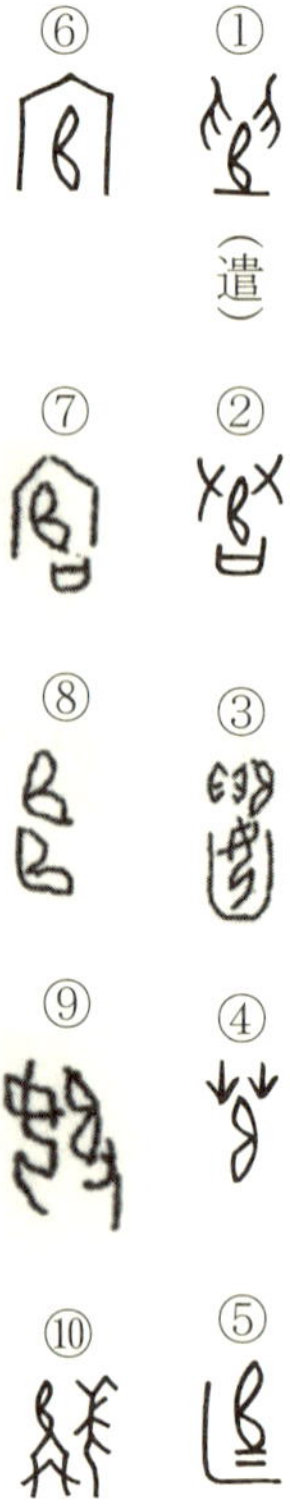

⑪ 

⑫ 

⑬ 

⑭ 

⑮ （追）

それぞれの文字（語）としての用例を掲げてその意味用法を分析するという実証的な手法で進められる。具体的には本文を見ていただくことにして、分析の結果が記された箇所を引用しておく。

以上、に従うもの十五字をあげたが、いまこれらの字形を考えると、一も側山の象、もしくは　その意を以て解きうるものがない。①②⑨⑭の例を以ていえば、みな手に執りうるものであることが知られ、②ではすなわち器中に入れうるものである。また③⑤の例を以ていえばこれを器中に収め、または包裹することができるし、⑩⑪においてはの上に寘かれている。④は草間におくに象り、⑥は家中におくに象る。これによっていえば、卜文のは側山の象にあらず、また側山の意に従うものでないことが明かである。従って、卜文のを釈するに説文の𠂤をあてること自体が、まず問題であることが知られよう。（二一五〜二一六頁）［二六八頁］

「𠂤」の大きさは手に執りうるもの、器中に入れうるもの、包めるもの、草間に置けるもの、家中に置けるもの、ということである。このことから「𠂤」が『説文解字』のいう「小阜」とは全く異なるものだという解釈が疑問の余地のないものになった。では「𠂤」は何の形であろうか？　博士はこの後、『説文解字』、『詩経』〈魯頌〉「閟宮」、『儀礼』〈士虞礼〉、『礼記』〈曲礼〉の記述に基づき「𠂤は祭肉の形であって、胾の初文であろう」「そして𠂤は、大肉臠の形に象っている。」（二一六頁）と結論される。その根拠となった記述を引用しておこう。

①胾、大臠也。从肉𢦏聲。（胾《し》、大臠《れん》也。肉に从ひ𢦏の聲なり。）〔『説文解字』四下・肉部〕

②享以騂犧、是饗是宜、……白牡騂剛、犧尊將將、毛炰胾羹、籩豆大房、萬舞洋洋
（享するに騂犧《せいぎ》を以てす、是れ饗し是れ宜す、……白牡《はくぼ》騂剛、犧尊將將たり、毛炰《まうはう》胾羹《しかう》、籩豆大房、萬舞洋洋たり）〔『詩経』〈魯頌〉「閟宮」〕

③胾四豆〔『儀礼』〈士虞禮〉〕

④左殽右胾（殽を左にし胾を右にす）〔『礼記』〈曲禮上〉〕

①によって「純肉（骨の付かない肉）の切片」であること、②によって「祖祭に胾を用いること」、③によって相当大きな肉であること、④によって儀礼の場では雑肉（骨付きの肉）である殽を

左に置き、純肉である胾を右に置いていたことが分かる。胾は祖祭の時に供える大きな純肉のことであった。また大臠（）があるのだから小臠もあるのが道理で、小臠は「」で示す。「」は祭（）・多（）・宜（）などに見えるのであるが、これらについては後ほど改めて言及される。

　こうして胾（）の実体が次第に明らかになってくるが、次にそれがどのような時に、どのような場面で用いられていたかを知るための文献資料に当たられる。

が大臠ならば「」は肉を両手を以て執る象であると解せられる。この字が遺の初文であると考えられることから推していえば、遺とは、肉を捧げて使することを示すものであろう。この肉は、あるいは胙肉であろう。」（二一七頁）と進んでいく。「胙肉」とは「胙、祭福肉也」（『説文解字』四下・肉部）とあるように祭りの時に供える肉のことである。これで「胾」が「胙」と呼ばれることもあったことが分かる。そして「王が親信の意を諸侯に示すに当って、その祭廟の肉を頒つという習慣があった。」（二一七頁）として、『左伝』に記されたところの、春秋の覇者となった斉の桓公と晋の文公とが周王から胙肉を賜った記事に言及される。かくて「」すなわち「遺」が胙肉を分つ使者を派遣する意味であることも分り、「」が胾であり胙であることの傍証となる。これにより「」に従う前掲①〜⑮の文字の意味も説くことができるようになるのである。この後、王国維の観念的な文字観を批判する一節も続くが、省略に従い先に

進むことにしよう。次は「𠂤」すなわち「師」が軍旅の意に用いられるのは何故であろうかという問題に進む。

三　𠂤を用いる儀礼

ここでは「𠂤」つまり胾（胙肉）を用いる儀礼の様相を、文献資料と卜辞の用例を見ながら具体的に描き出される。𠂤・𠂤𠂤・官もみな胾の形であるから、関連的に見ていくことになる。

先ず「天子・諸侯が国都の外に出る時に天地祖廟を祀ってそれから出発したこと」（二一四頁）を示す儀礼が挙げられる。

①大師、宜于社、造于祖、設軍社、類上帝。〔周礼・春官大祝〕

（大師には、社に宜し、祖に造し、軍社を設け、上帝に類す。）

②天子將出、類乎上帝、宜乎社、造乎禰、諸侯將出、宜乎社、造乎禰。〔礼記・王制〕

（天子將に出でんとするときは、上帝に類し、社に宜し、禰に造す。諸侯將に出でんとするときは、社に宜し、禰《でい》に造す。）

③天子將出征、類乎上帝、宜乎社、造乎禰、禡於所征之地、受命於祖、受成於學。出征執有罪、反釋奠于學、以訊馘告。〔礼記・王制〕
（天子將に出でんとするときは、上帝に類し、社に宜し、禰に造し、征く所の地に禡し、命を祖に受け、成を學に受く。出でて征し、有罪を執らふるときは、反りて學に釋奠し、訊馘を以て告ぐ。）

④國有大故天災、彌祀社稷禱祠。大師、宜于社、造于祖、設軍社、類上帝。〔周礼・春官大祝〕
（國に大故天災有るときは、彌《あまね》く社稷に祀りて禱祠す。大師は、社に宜し、祖に造し、軍社を設け、上帝に類す。）

⑤商罪貫盈。天命誅之。予弗順天、厥罪惟鈞。予小子夙夜祗懼、受命文考、類于上帝、宜于冢土、以爾有衆、底天之罰。〔尚書・泰誓上〕
（商の罪、貫盈す。天命じて之を誅せしむ。予天に順はざれば、厥の罪惟れ鈞し。予小子夙夜祗み懼れ、命を文考に受け、上帝に類し、冢土に宜し、爾《なんぢ》有衆を以《ひき》ゐて、天の罰を底《いた》さん。）

⑥乃立冢土。戎醜攸行。起大事、動大衆、必先有事乎社。而後出。謂之宜。〔爾雅・釈天〕
（乃ち冢土を立つ。戎醜の行く攸《ところ》。大事を起し、大衆を動かすときは、必ず先ず社に事有り、而る後に出づ。之を宜と謂ふ。）

⑦封人。掌詔王之社壝。爲畿封而樹之。凡封國、設其社稷之壝、封其四疆。造都邑之封域者、亦如之。令社稷之職。凡祭祀、飾其牛牲。設其楅衡、置其絼、共其水稿、歌舞牲及

毛炮之豚。凡喪紀・賓客・軍旅・大盟、則飾其牛牲。〔周礼・地官封人〕
（封人。詔王の社壝を設くることを掌る。畿封を爲して之に樹《う》ふ。凡そ國に封ずるに、其の社稷の壝を設け、其の四疆を封ず。都邑の封域を造る者も、亦之の如くす。社稷の職を令す。凡そ祭祀には、其の牛牲を飾《きよ》む。其の楅衡を設け、其の絼《ち》を置き、其の水槁を共し、牲及び毛炮の豚を歌舞す。凡そ喪紀・賓客・軍旅・大盟には、則ち其の牛牲を飾《きよ》む。）

これらの例から読みとれることは、天子・諸侯・大師が出征する際には、上帝や社や禰にて祭祀を行なった上で出発するということである。天子・諸侯を問わず共通しているのは「社に宜す」という点である。⑤や⑥によって、社を冢土ともいったことが分かる。また⑧によって、そこで祭祀を行なう際に牛の犠牲を用いることがあったらしいこと、そしてそのような祭祀を「宜」といったらしいことが推測できるのである。「宜」は卜辞では「〓」と書かれるので、次に卜辞中の〓（宜）がどのようなものであるかを分析し、その初義を考察する過程へと進む。

原文では卜辞の用例が多数掲げられているが、ここでは代表的なものにしぼっておく。

①貞、王其〓文〔武丁〕（貞ふ、王は其れ文〔武丁に宜《ころ》さんか〕）
②甲子卜行貞、其〓于庚、□（甲子卜して行貞ふ、其れ庚に宜さんか、□）

③貞、尞于土一牛、宰（貞ふ、社に一牛を尞き、宰を宜さんか）
④……年于河、尞三宰、卯三牛……、（年《みのり》を河に……、三宰を尞《や》き、三牛を卯《さ》き……、）
⑤癸卯、于羌三人、卯十牛、右（癸卯、に羌三人を宜し、十牛を卯かんか、右）

以上の卜辞の用例によれば、「」が犠牲を用いる方法であったことが分かる。その点では、先ほど文献の例から推測したことと一致している。用いられる犠牲には牛・大牢・大宰・牢・宰の他「羌三人」などというのも見え、異族を犠牲に用いることもあったことが分かる。犠牲を用いる方法には他に「又」「沈」なども見え、その方法に区別があったと考えられるとして、それぞれの具体的な方法にも言及しながら、「」の方法を具体的に描き出していくという緻密な考証が展開される。詳細は省略に従い結論を左に整理しておく。

尞……牲体を柴上に加えて燔く。
卯……「劉」字が「卯」に従うことから見て、劉殺つまり殺すの意。
又（侑）……侑薦の意。
沈……牛を河に沈める。
（宜）……牲肉を俎上に載せる字形で、神に食せしめる意。

ついで、「〓」字を「俎」字と釈する孫詒譲と郭沫若の説の成り立たないことに言及しながら、金文における「宜」も卜辞と同じように神々への薦食の意に用いられることを具体例を挙げながら述べられる。このことによって、殷代から西周時代にかけて「〓（宜）」の意味が基本的に変らなかったことが示されるのである。博士の考察はこの辺から関連事項や関連文字にも言及しながら進められる詳密なものになっていく。その考察過程を通じて「〓」字に含まれる「〓」字形が脈肉であることを多方面から証するという手法が採られるのである。紙幅の都合もあってその一々について具体的に見る余裕がないので博士の要約的な箇所を引用しておいて先に進むことにする。

> 〓は宜の初文で、卜辞・金文及び経典の例ではみな肉を侑薦する意であり、これを祖廟に用い、また主人にも饋っている。しかしこの礼は、特に出征に際して社において盛大に行われ、従軍のものには脤が遺られた。〓は且すなわち俎中に肉を加えた字であるが、その肉は大臠の肉であり、すなわち〓である。且中の〓は〓を両截した形に象っている。かくて宜の礼を行なったのち、〓すなわち脤を報じて軍征に従うものは、神の威霊の宿る象徴である〓を奉ずるものという意味で、そのまま〓すなわち師とよばれた。師の

音は胾と同じく、その字形は社の肉の形をとる。従って𠂤の原義は社の胾肉であり、転じて胾すなわち脤を受けて軍旅に従う師衆を意味するに至ったのである。

（二三二頁）〔二八七～二八八頁〕

以上で、「」「𠂤」「」の関係が明らかになったが、考察はこれで終らない。「𠂤」字形を含む字の字形と用例とを分析考察しながら、「𠂤」が脤肉であることを更に検証する過程に入っていくのである。以下、考察される文字あるいは語は「」「某𠂤」「𠂤某」「」「」「」「来歸（帰）」である。ここは結論的な内容を整理しておいて先へ進むことにする。

A （官）・𠂤某・某𠂤・・

は𠂤が屋中に在る形。屋中に𠂤を執るのような文字もある。「官」は官府の意だがその初義はおそらく𠂤を管司するところで、軍務をとる所の意と思われる。軍が進発する時に脤肉を受けて発し、軍の駐屯する際には𠂤をおいてその駐屯地に置いた。それでそのような軍事拠点をも𠂤と称した。卜辞には「𠂤某」「某𠂤」と称する例が四十数例ある。「𠂤某（師某）」とは官名をもつ軍将の名を示すものであるが、「某𠂤（某師）」は族名・地名の某の下に「𠂤」を付けたもので、某の軍の意である。「在𠂤某」とは、某族・某地の軍事拠点、あるいは軍の

駐屯地をいうものである。「𠂤（師）」の駐屯する所を示すのに𠂤・𠂤字形で表わすものがある。これらは𠂤を壝（堆土）の上に安置する形である。軍行に脤（牲肉）を奉じてゆき、駐屯する際にこれを壝上においたものと思われる。「」の場合、𠂤の傍に封土を造りその上に木を樹てている形（神位）である。このようにして関連字を卜辞の用例と字形から考えると、「𠂤」が脤肉であると考えるのが適切であることが一層はっきりしてくる。

B　師が歸（帰）還する時の「（歸・帰）」の礼と「來歸（来帰）」

師が出立する時に「社に宜する」という儀礼を行なったが、帰還する時にも「（歸）」の儀礼がある。そのことを文献資料と卜辞を用いて述べられる。先ず文献に見える帰還の儀礼を見る。

①及軍歸獻于社、則前祝。大會同、造于廟、宜于社、過大山川則用事焉、反行舍奠。
（軍の歸るに及び社に獻ずるときは、則ち前みて祝す。大いに會同し、廟に造し、社に宜し、大山川を過ぎるときは、則ち用て事《まつ》る。行を反すときは舍奠す。）〔周礼春官大祝〕

②若師有功、則左執律、右秉鉞、以先、愷樂獻于社、若師不功、則厭而奉主車、王弔勞士庶子、則相。〔周礼夏官大司馬〕

（若し師に功有るときは、則ち左に律を執り、右に鉞を秉り、以て先だち、愷樂して社に獻ず。若し師に功あらざるときは、則ち厭して主車を奉ず。王 士庶子を弔勞するときは、則ち相《たす》く。）

③出征執有罪、反釋奠于學、以訊馘告。〔礼記王制〕
（出でて征し、有罪を執ふるときは、反りて學に釋奠し、訊馘《じんくわく》を以て告ぐ。）

④丁未、祀于周廟、……、庚戌、柴望。（丁未、周廟に祀り、……、庚戌、柴望す。）〔尚書武成〕

⑤歸假于祖禰、用特。（歸りて祖禰に假《いた》り、特を用ふ。）〔礼記王制〕

⑥歸格于藝祖、用特。（歸りて藝祖に格《いた》り、特を用ふ。）〔尚書堯典〕

軍の帰還の際には祖廟にいたって告げる礼が行なわれるが、献社・釈奠・訊獲といった礼が行なわれる。「造于廟」「宜于社」とあるから進発の時と同じように（脤肉）を献ずる儀礼が行なわれ社主が返還されるのである。なお、③に見える訊獲とは『詩経』に「執訊獲醜」「在泮獻馘（泮に在りて馘を獻ず）」のように見えるものと同じで、有罪（敵）の首級を献ずるものである。⑤⑥に見える「特」とは牡牛のことで、「用」は元来犠牲を用いる意味に用いる語でその原義に用いているのである。

以上は周以後の礼を伝える文献の記載ではあるが、卜辞にも「（歸）」の礼が見え、古くからの儀礼を伝えたものと思われる。

①貞、令〓侯歸　五月（貞ふ、〓侯に令して歸らしめんか）
②貞、翌辛卯王勿歸（貞ふ、翌辛卯 王歸ること勿らんか）

以下、『詩経』に見える來歸（来帰）のこと、舍奠が学において行なわれること、そしてその際に牲肉が用いられることにも言及した後、卜辞に見える学とはいかなるものかという問題に入っていく。ここで敢て「学」のことにまで言及されるのは、「師」との関係が深いからである。卜辞における「学」の性質は明らかではないが、西周中期頃の〈静𣪘〉という青銅器の銘文に「学宮」の名が見え、そこでは射を学ぶことが行なわれている。

隹六月初吉、王才葊京。丁卯、王令靜嗣射學宮。小子眔服眔小臣眔夷僕學射。雩八月初吉庚寅。王㠯吳垂・呂剛、卿燹蓋𠂤邦君、射于大池。靜學無斁。王易靜鞞剝。靜敢拜䭬首、對揚天子不顯休、用乍文母外姞〓𣪘。子々孫々其萬年用。

（隹六月初吉。王 葊京に在り。丁卯、王 靜に令して射を學宮に嗣《つかさど》らしむ。小子と服と小臣と夷僕と射を學《なら》ふ。ここに八月初吉庚寅、王 吳垂《ごすい》・呂剛《きよがう》を以《ひき》ゐて、豳《ひん》 蓋《じやう》の師邦君と卿《くわい》し、大池に射る。靜 學《をし》へて斁《やぶ》ること無し。王 靜に鞞剝を賜ふ。靜 敢て拜して稽首し、天子の丕顯なる休《たまもの》に對揚し、用て文母外姑の隮毀を作る。子々孫々其れ萬年まで用ひよ。)

〈静毀〉の他に〈令鼎〉にも学のことが記され、やはり射を学ぶ場であったことが記されるが、その後卜辞の中からもこのような例を掲げられる。こうして学が古くからそのような性格をもった機関であったことが示されるのである。

ここでこの節のまとめを引用しておくことにする。

古代においては、軍を起すに当っては、上帝に類し、社に宜し、禰に告げ、征するところを禡し、成を学に受けて出発した。社祭の宜は、卜辞金文ではに作るもので、牲肉を俎に載せて侑薦する義である。かくてその牲肉は軍の将士に頒たれるが、これを脤と称した。戎に受脤ありとはその意である。は牲肉の大臠を示す字で、のあるところ、即ち軍旅のあるところであるから、軍を称ぶにを以てした。軍の止るや、を封土の上に寘くのでこれを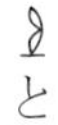といい、その場所には封土して木を樹てるところから、後にはその字をに作っている。を官嗣するものはこれをと称した。

軍終って帰るや、また祖禰にいたり、社に献じ、学に釈奠し、柴望する。みな軍を発するときの礼に報いるものである。軍の来帰するをというのは、すなわち寝廟に胙を

供するからであって、後世の振旅飲至の礼にあたるものであろう。学に釈奠を行うのは、学は武事を講習するところであって、そこに武神を祀るからである。武神はあるいは卜辞に見える学戊であろう。礼記文王世子にいう先師とは、また武祖の謂いに外ならない。

以上において、私は𠂤が臡すなわち大臠の形にして、出師のとき社から受ける脤を意味するところから、転じて師旅の意となったことを論じ、・𠂤・・の諸字がみな軍旅もしくは軍礼と関係のあることを論じた。𠂤を説文𠂤の説解に牽合して小阜の側形と解して以来、𠂤の初義を識ることができなかったが、𠂤を以上のように解するならば、𠂤系の諸字の字形は尽くその解をうることとなって、一も凝滞するものがない。かつその字形は軍礼と互いに発明するところがあって、古礼をうかがうべき点も少しとしない。そこで次には、当時における師旅のありかた、師系諸職の起るところについて、若干の考察を進めてみたいと思う。(二四二〜二四三頁)〔三〇三頁〕

C「釈師」の展開の仕方について

以上で「師」の字源論そのものは一段落した。これが前半である。後半は視点を切り換えて、「師」の具体的な様相について、殷代(四)・西周時代(五)・春秋時代以降(六)のように時代別に分析される。こうして「師」の歴史的変遷が描き出されていくのである。

四　卜辞中の師

卜辞は王室を中心とした王や王室の構成員の、行動やその安否について占うものである。師旅は𠂤（師）とよばれていたが、その行動の安否はつねに貞卜の対象となった。以下、師の行動に関する占いを見てみる。

①丙午卜㱿貞、勿乎𠂤往見。㞢𠂤
　（丙午卜して㱿貞ふ、𠂤を呼びて往見すること勿きか。𠂤に㞢せんか）
②癸巳卜□貞、令𠂤渉東（癸巳卜して□貞ふ、𠂤に令して東に渉らんか）
③叀𠂤令从𦥑（叀《こ》れ𠂤に𦥑に従はしめんか）
④貞、𠂤其隻羌（貞ふ、𠂤其れ羌を獲んか）
⑤貞、𠂤不其隻羌（貞ふ、𠂤其れ羌を獲ざらんか）

①・②はそれぞれ師に行動を命じたもの、③は師に𦥑の軍に従うことを命じたもの、④・

⑤は羌族を捕獲する目的をもって動員されたものである。師に対する王室の関心は極めて深く、その行動中には晴雨についても卜問した。以下、卜問の対象となった事項を列挙しておくことにする。

・屒……軍にとって最も危険な夜間のことを占われたもの。軍が不安に陥れられるか否かである。
・卜夕……「夕」とは今でいう夜のことであるが、軍旅の行動中は毎晩占われた。
・王師……王室直属の軍の卜問。「王乍（作）三𠂤、右中左」と見え、三軍編成だったようである。
・立中……中軍の帥を任命することであるから、王師が三軍の編成であったことが殆ど疑いない。

王師の他に諸侯雄族にも師旅があったことは、前節で「某𠂤」「𠂤某」が挙げられていたので予想されていたであろう。原文の「釈師」では丹念に卜辞の例文を挙げているが、ここではその名称だけ列挙するにとどめておき、その中の出現頻度の高い「師般」と「師好」に焦点を当てるという方法を採ることにする。

(三)侯𠂤・𠂤般・𠂤毋・𠂤好・𠂤貯・𠂤丙・𠂤戈・𠂤辟

師般のほかには特に目立つものがないとのことであるが、博士はそれを「軍事権が直接王に属していた」からだとして次のような考察を示されている。

軍事権が王の大権として直接王に属しており、王が事故あるときは王子たる多子がこれに代り、あるいは王室の婦たる多婦の出自氏族、その他王族と関係のある雄族が、その行動地域の関係から便宜に随って随時出動を命ぜられるという態勢にあって、王直属の三師が必ずしも軍事力のすべてではなく、またその師長が王の任免を受ける親衛隊的なものであり、従って十分の権力をもつものでなかったことを意味するものであろう。軍事力は完全に王の支配下にあったものと考えられる。(二五四頁)〔三二六頁〕

師般については、その本貫が河内の附近にあること。そして河内附近の雄族から出て、王師の師長となったものと推測される。

師好は、おそらく帚(婦)好と同一の氏族と思われる。婦好とは殷王朝の大墓の中で盗掘を受けなかった珍しい墓の墓主として有名な武丁妃のことである。師好の名でも見えるが、婦好の名で軍事に関するト辞がかなりある。

・甲申ト㱿貞、乎婦好、先共人于龐（甲申トして㱿貞ふ、婦好を呼び、先ず人を龐に共せんか。）
・貞、王勿乎婦好往伐土方（貞ふ、王 婦好をして往きて土方を伐たしむることなからんか。）
・辛巳ト貞、登婦好三千・𢍰旅一萬、乎伐羌
（辛巳トして貞ふ、婦好の三千・𢍰旅一萬を徴して、羌を伐たしめんか。）
・乙酉ト㚔貞、乎婦好先共人于龐（乙酉トして㚔貞ふ、婦好をして先ず人を龐に共せんか。）
・乙丑ト賓貞、王甾婦好令正尸（乙丑トして賓貞ふ、王は甾《こ》れ婦好をして夷を征せしめんか。）
・貞、王令婦好、从侯告伐……〔以下略〕（貞ふ、王 婦好に令して、侯に从ひて告伐……）

「婦好は東北西三面に行動してその範囲頗る広く、また自軍から三千の兵を動かしうる雄族で、勢威甚だ大なるものがあったらしい」（二五六頁）とされていて、あたかも婦人将軍であるかのように思われるのではあるが、「師好」という名が見えることからすると、あるいはその出身氏族の師旅であるかも知れない。「∂𠀠」の「𠀠」も多く見えていて族名であることが分かる。軍を組織する相当な雄族であったようである。

それでは「師某」と称するものについて最後にまとめられているので引用しておく。

師般・師好・師貯・師冄の例を以ていえば、師某と称するものは当時の雄族の中から択ばれて、王師の師長たる職についたものと思われ、当時すでに専門の武将があったことが知られる。すでに三師をつくり、しばしば元帥を謀ることも行われているわけであるから、師某と称するものは、三師の長、あるいは元帥をさしたものかも知れない。ともかくも、殷代には王の直属軍に三師があり、その師長を師と称んでいたことは疑いのない事実である。（二五七頁）〔三二〇頁〕

五　金文中に見える西周時代の師

殷王朝が西周によって滅ぼされ、新しい時代に入る。いわゆる殷周革命によって社会が大きく転換する時期でもあるのだが、しかし「釈史」や「作冊考」でも書かれていたように西周金文に見える官職名には殷以来の名称が数多くあり、連続性を感じさせるものがある。「師」の場合もそのような要素が強い。ただ、名称に連続性があっても、その内容には変化が見られる。その点で「釈史」で分析考察された史関係の諸官の場合と同様に「師」関係についても注意深く分析されねばならないのである。

殷が滅んだ後その残存する軍事力の大部分を洛陽の成周に集めた。これが成周の殷の八師と呼ばれるものである。これはまた「成師」「成周八師」と称ばれることもあった。この節では先ず、〈小臣謎毀〉から〈毛公鼎〉までの西周時代の青銅器一二器の銘文を対象にして、「師」という軍や「師某父」と呼ばれる将軍たちの事績を追跡しながら、殷代に起源をもつ師氏・大師・小子・師某などの身分的呼称が、西周時代に入っても継承されている様子が分析考察される。ここではその要約的な部分を引用しておこう。

西周の統治組織が完成し、その軍制が整うに至った中期・後期においても、殷系に属する東方諸族の軍事的義務が解除されたわけではない。むしろ殷以来の庶殷とその軍事力に対する周側の規制は一層強化され、その組織が周の統治に適するように一段と改変されていったことは、当然予想されるところである。そして殷系の軍事組織と、周自体のそれとが、周の新しい統治組織の中で、大体一様化されるという傾向をとっていったと考えられる。一般に、西周期金文においては、中期以後になると殷系ではなく、殷系と周系、東方系と西方系との諸要素の融合混淆を示す現象として理解しなければならぬ。このことは、たとえば史系諸職・作冊系諸職が本来は殷以来の官制であって、周初においてもこれらの諸職は多く殷人によって占められていたのであるが、中期以後になると、次第に殷系の諸表徴を失ってくるという事実からも知られることである。そしてこの傾向は、本稿の師系諸職においてもまた見ることができるのである。そこで、西周中期以後に見える師某のうち、まず殷系と思われるものをあげて、次に他の問題に及んでゆきたい。

（二七一頁）［三三七頁］

引用文の末尾に記されているように、この後西周中期以後の青銅器である〈師旂鼎〉〈師虎𣪘〉〈師酉𣪘〉〈師𣪕𣪘〉〈師晨鼎〉〈師艅𣪘〉〈師詢𣪘〉七器の銘文に解釈が加えられるわけである。それらの銘文は、中期以降に現われる、いわゆる官職車服冊命形式金文〔短く冊命形式金文と呼ぶことが多い〕と呼ばれる一群のものである。冊命形式金文というのは、周王から官職に任命されたことを記録したかなり定型的な銘文である。おそらく任命式の次第が定型化していることを反映するものであろう。「釈史」では「史某」に焦点を当てて考察されていたが、この「釈師」では「師某」に焦点が当てられる。ここではその様子を具体的に知っていただくために、比較的分かりやすい〈師艅𣪘〉を引用しておく。

隹三年三月初吉甲戌、王在周師彔宮。旦王各大室卽位。〔中略〕王乎作冊内史、冊命師艅、〔中略〕艅拜䭫首、天子萬年眉壽黄耇、畯在位、艅其蔑曆、日賜魯休〔下略〕

（隹三年三月初吉甲戌、王周の師彔の宮に在り。旦に王 大室に格りて位に卽く。〔中略〕王 作冊内史を呼びて、師艅に冊命せしむ。〔中略〕艅拜して稽首す。天子萬年眉壽黄耇にして、畯《なが》く位に在らんことを。艅其れ蔑曆せられ、日に魯休を賜ふ。〔下略〕）

以上、西周時代における師の動向を見てきたが、最大のポイントは、西周時代の「師」は、名称や性格は殷代以来のものを継承していたが、中期以降それが西周王朝の官職の中に組み込まれていったという点である。それが春秋時代になると職としての性格に大きく変化が見られるが、そこにはいかなる背景があるかというふうに進められるのである。

六　春秋時代の師

春秋時代以後の「師」については文献資料をもとにして考察することになる。前半にも関係文献がかなり引用されていたが、そこでは「師」の原義を考える材料に用いられていた。しかしこの節では春秋時代の「師」の様相を示す資料として用いられる。ここに博士の鋭い洞察が顔を見せることになるのだ。例えば、『周礼』「春官大祝」の「大師、宜于社、造于祖、設軍社、類上帝。」（大師には、社に宜し、祖に造し、軍社を設け、上帝に類す。）は、「宜」という祭祀が、殷代において軍が進発する前に脤肉を祖廟に供える祭祀であることを今に伝える資料の一つとして用いられていた。しかし春秋時代以降の「大師」は音楽と六詩（詩の六義）を教える楽官となっている。軍としての師、宜という軍礼祭祀、楽詩を教える大師。この一見別々の事柄に見えるものを、博士は歴史的変遷の中に位置付けるという作業を粘り強い考察を通じて行なうのである。祭祀には古来伝承されてきた形式がそのまま残っているのに対して、官職の職事は歴史的に変容していくという、今まで見逃されていた現象を博士は析出するわけである。博士はこの作業を、殷代と春秋時代との中間に介在する西周時代金文に見える「師」の位相を描き出すことによって、その変容の過程を跡づける。

この節は、春秋時代の「師」に焦点を当てているが、西周時代以降変容していく過程を描き出すのが主たるモチーフであるから、西周時代の金文にも再度言及される。やや複雑な展開になるが、これはより説得力のある論証に仕上げるためにはどうしても必要な手続きである。あらかじめこのことをお伝えしておいて先に進むことにする。

『周礼』の記述にしたがって「大師」「小師」「師氏」三職の職事を理解するところから始まる。『周礼』は成書時期がさほど古くないと考えられるため、どこまで古い情報を伝えているかに疑問があるが、金文や『詩経』『尚書』と比較しながら判断するほかはないという態度で進められる。「大師」の地位はあまり高くなく音楽と六詩を教える官であり、「小師」の職はもっぱら音楽のみに限定されている。「師氏」は王を補佐したり、国子・国子弟に教えたり、また王を護衛したりしている。

ここで注目されているのは、軍事的な職掌であった「師」が音楽や詩を教えるようになっている点である。広い意味での教官であるが、この点については後ほど「学」との関係を考察する中でも言及される。そしてこのような変化がいつ頃から見られるかを見極めるために、再度西周時代の金文に目を向け、「師某」の動向について時期を意識しながら詳細に分析される。ここでは結論的な部分だけ引用しておく。

金文・詩にいう大師・師氏は古くはもとみな武将であり、軍政の担当者であるのに、春秋以後、大師は全く楽官となり、師某と称するものも殆んど伶人である。ここに師系諸職の変遷を見るべき重要な問題がある。（二八九頁）［三五六頁］

ついで師某の変容しはじめる時期を西周時代の金文の分析によって次のように結論される。

以上を通観すると、ほぼ夷・厲二王〔西周時代後期〕を境として、そのころから前には軍事・行政を担当するもの多く、それより以後には徳教・音楽に関するものがあらわれている。そして軍事と行政とは、大体相並んで行われており、師の職掌が古くはこの二事にあったことを知りうる。徳教・音楽のことは西周後期に至って見られることであり、それはやがて春秋期における師職の最も普通な職掌となった。（二九一頁）〔三五九頁〕

金文資料からその転機が西周後期（夷・厲二王）にあったということが明らかになった。この後春秋期で最も著名な「師」職の一人である師曠の事績を紹介しながら、その職掌が「軍旅・徳教・音楽」と関係のあることが指摘される。こうして「師」の初義と変遷の考察が一通り完了する。最後はそれをまとめ直す記述に入るのであるが、長い原文を引用するわけには行かないので、大胆に端折る形であるが要点だけ記して結ぶことにしたい。

「師」は古くは、「氏族社会において平時には行政徳教を掌り、武事あるときには師旅の長として出征する長老であり、指導者であったと考えられる」（二九四頁）。若い氏族員の教育機関としての学（メンズハウス）の指導には氏族の長老たるものが当たっていた。そのような「学」の機能を説いたものに『礼記』「文王世子篇」がある。殷代の卜辞にも貴游の子弟を国都に集めて教習を行なう例が見えているが、このことをも勘案すれば、「学は射を中心とする教習の場所であり、またあわせて社会的儀礼を行う場所でも」（二九五頁）あったことがうかがえ、『周礼』の記述にも通じてくる。古い文献に「養老」という語が見える。「養老とは、現役を退隠して専ら学政に就くことをいうのであるが、その主要な教科は舞楽と唱詩とであった。従って師長はそのまま楽師となった」（二九七頁）。のである。

第五章　読「釈南」

はじめに

今回は「南」の字源を論証した白川静「釈南」を読む。南は言うまでもなく方位を示す文字である。方位は特定の具体的な物の形で表わしえない抽象概念であるから、それを表意文字で示すことはできない。何らかの間接的手段を用いて表示する工夫が必要である。ところが、甲骨文は象形による表意文字がほとんどであり、文字と文字とを組み合わせて新しい文字を作る会意や形声という造字段階にはまだ入っていない。いわば生まれたての象形による表意文字を中心とした文字体系である。では象形による表意という方法で表わしえない言葉はどのような手段を用いて表示するのか、という問題にここで直面する。中国語は言語形態の観点からは孤立語に分類される。孤立語というのは、日本語（膠着語）や欧米語（屈折語）のような語の活用がなく、主に語順によって文法的機能が果たされる言語のことである。言い換えれば語尾の多様な変化を示すための、表音に特化した仮名やアルファベットのような文字をさほど必要としないのである。世界の文字を眺め渡した場合、表意文字から出発した文字でも、表意文字で表わせない言葉には表音という手段を用いざるをえなくなっていく。そこで象形字を略体化した表音専用の文字が考案されるという道をたどることになる。しかしこれはみな孤立語以外の場合である。甲骨文の場合、象形による表意文字でもってほとんどカバーできる文字体系であるから、残された少数の言葉を表現するためには、表音という手段を部分的に適用すればよいのである。いわば例外的な適用である。しかし表音機能に特化した特別な文字を考案しないまま表音という手段を用いるわけであるから、別の文字を借用するという方法を採る。借字とか仮借と呼ばれる方法である。甲骨文の場合、王室およびその周辺に関わることを占うという儀礼の記録であるから、かなり多彩な内容を持つとはいえ、そこに用いられる語彙もある程度限られている。また儀礼を示す文字の頻度も高い。したがって表音という手段を用いなければ表わせない言葉はかなり限られてくる。その例外の一つとして方位関係の語彙があるのである。東・西・北なども借字による表語である。しかし今回白川博士が他の方位語とは別に「南」という語（文字）に限って考証を展開されるのは、別の必要性からである。それは「南」という文字が別の用法を持っているからである。

後に具体的に言及することになるが、甲骨文に用いられる「南」という文字は方位を示す場合だけではない。祖先を祭る際に他の動物とともに犠牲にも用いられることがある。また、南方の国あるいは文化的地域を指している場合もある。こうした多様な意味をもつ「南」であるがゆえに、字源論が成功しにくい要因になっていたのである。「南」という語の字源を多角的に考察することが求められるゆえんである。

「釈南」は初め「甲骨学」第三号に掲載され、後に『甲骨金文学論叢』（油印本）に再録された。再録された理由を明言されないが、私の推測では、「甲骨学」に掲載されるにあたって、文字学に縁のない人が清書を担当されたようで、文字の誤記が驚くほど多い。これが再録の本当の理由だと思われる。ただその油印本『甲骨金文学論叢』に収録される際に、第一章「殷と南方文化」が削られてしまったので、私の説明もそれに合わせた書き方になっているのだが、平凡社『白川静著作集』別巻『甲骨金文学論叢（下２）』に収録される際、この第一章が復活したので改稿は最小限に留めた。第一章は殷と南方との関係を当時の考古学方面の知見に基づいて描き出した章である。情報として今も有効だと思われる点についてだけ略述する。

Ａ 「殷と南方文化」の要点

・古い時代から河南の東部や北部に定住していた殷人は、早くから東夷・東南夷と相接していたものかと思われる。

・殷の西方の前衛は平陸附近の戉までであって、それから西方には一時的に支配が及ぶことはあっても、殷族が自ら陝西の地に入ることはついになかったのではないかと考える。殷が西方の文化に接しうるのは、主として河北西部と山西南辺との二方面であったが、いずれも多くは戦闘を通じて接するという対抗的な関係においてである。

・南方との関係は、西方にもまして重要であった。南方という意味を、ここでは江蘇・安徽・河南南部の一帯を汎称するものとしておく。江蘇・安徽には東南夷がいたが、これは東夷と同種族の沿海民族であったと思う。河南南部から長江の一帯にも他の一系があって、これは卜辞では南、『論語』や『楚辞』に南人・南夷と呼ばれているものである。

B 「釈南」の構成

一 南の初義に関する諸家の説と問題点
二 人身犠牲としての南
三 南の本義
四 木に懸けた楽器はいかなるものか？

五　銅鼓について
六　銅鼓の起源地
七　「南」字は銅鼓を吊るした形

一　南の初義に関する諸家の説と問題点

例のごとく『説文解字』の引用から始まる。「南、艸木至南方有枝任也。从𣎵羊聲。」（南、艸木南方に至りて枝任有るなり。𣎵に从ふ。羊《じん》の聲。）とある。枝が鬱蒼と生い茂る状態をいうものであるが、東南西北を季節の巡行に見立てて「南」を「夏」に位置づけ「夏」と同義のように扱っているのが特徴的である。当時流行した陰陽五行の思想に基づいて解釈しようとしたものであろうが、そのような観念的な解釈を施さねば解釈できないということであろう。許慎の字源解釈にこの種のものが多いのは、やはり甲骨金文を見ることのできなかった時代の人の限界である。「南」字についても、一旦『説文解字』を離れ甲骨金文の字形に即して考えなければならないという次第になるのである。そのような立場から「南」字を解いた代表的な先学として、郭沫若・唐蘭・加藤常賢などが挙げられる。

［加藤常賢説］

加藤博士は、南の字形は幬帳にして丹は亦声であるというが、問題は次の三点に帰する。

①乂は幬帳の形であるか？

②下の丹形の字は丹字であるか？

③かつ亦声であるか？　（注）形声字のうち、声符にその原義を含むものを〈亦声〉と言う。

①の解釈の仕方はかなり複雑な手続きを踏む。先ず、説文解字の解に「屮其飾也」（屮は其の飾りなり）としているのを採って、これを南字の上部丫と同字で幬帳の象と見なす。ついで丹を亦声として南方温暖の意を表わしたものとすることによって、「帷幕内ノ溫暖ノ意」とする解釈を導くのである。中央に柱をもつ帷幕といえば、もはや幢蓋や几帳の類ではなく、すでに住居形式の問題となる。しかも帷幕は朔北に最も広く行なわれたものであるから、殷人が南方の意を寄せた文字としては、あまりふさわしくない。

②③については、丹・青の字は卜辞に見えず、金文にはじめて見える文字である点ですでに無理があるが、字形から考えても南字の下部は井中に丹の象があることを示したものとはいえ

ない。さらにこれら上下の字形を合わせて会意とし亦声とする解釈は、容易に成立しがたい。

［唐蘭説］

王国維が㱿と釈したのを排して、孫詒讓の殼の説を是としている。壴を㲉となし穀となして、「形聲倶に變ず」というような大胆な議論にしてしまったのは非常に惜しまれる論だという。

［郭沫若説］

初め鎛鐘説を立てていたが、その後自説を変えてしまった。唐蘭氏の説を見て自説を棄て、新たに㲉字説を出した。唐氏の字解を受け、を青字とする。ただ穀としたのでは用牲の例に通じがたいので、これを㲉すなわち小豕と解する。しかし卜辞には「十豕屮青」のように豕と青とを並称するものがあって落ち着かない。その唐蘭説の方は㲉は動物の乳子を泛称する語であるという。しかし「南」が南方の意味にも用いられることについては触れない。

以上が当時の字説の主なものだが、それまでの字説を整理することによって、問題点を析出するわけである。これらの字説が十分でないのは、方位を示す「南」字が犠牲にも用いられるという点を説明できない片手落ちの説になっている点にある。白川博士はこの両方の意味を充たすにはいかに考えるべきかという方向に進んでいく。そこで先ず人身犠牲としての「南」とは何か？　ということから入るのである。

二　人身犠牲としての南

甲骨文の中に人身犠牲のことがかなり多数出てくるのだが、中国の文字学者たちは、甲骨文の中に人身犠牲を見ようとはしない。しかし殷代から五〇〇年以上も下る春秋時代ですら人身犠牲が行なわれていたことが『春秋左氏伝』の記事から分かるわけで、その紹介から始められるのである。なお、注意しておきたいのは、ここに見える「用いる」という語は、漠然とした「使用」の意味ではなく、「犠牲として用いる」の意味だという点である。これは甲骨文以来の用法である。

一、宋公は邾の文公に鄫子を執えしめてこれを次睢之社に〔犠牲として〕用いた。（僖公一九年）

（注）この次睢之社というのは臨沂の東界にあって、食人社といわれていたものだということである。

二、楚子が蔡を滅ぼすや、蔡の世子を執えて帰り、これを〔犠牲として〕用いた。（昭公一一年）

（注）公羊伝によると、これを築防に（犠牲として）用いたとあるからいわゆる人柱にしたものであろう。

三、平子が莒を伐って俘を取り、これを亳社に〔犠牲として〕用いた。（昭公一〇年）

四、魯は河南北部の長狄と戦って長狄喬如を獲て、その首を魯の郭門である子駒の北門に埋めた。さらに斉の襄公もまた長狄を破って長狄栄如を獲て、その首を斉の邑・周首の北門に埋めた。（文公一一年）

卜辞には牲獣とともに犠牲に供せられているものに羌と南とがある。先ず羌の例を列挙する。

○辛巳卜行貞、王賓小辛、彳伐羌二、卯二牢、亡尤。〔H23106〕

（辛巳卜して行貞ふ、王、小辛を賓するに、勺して羌二を伐《う》ち二牢を卯《ころ》して、尤《とが》亡きか。）

○甲午卜行貞、王賓□□、彳伐羌三（二）、卯牢、亡尤。〔H22569〕

（甲午卜して行貞ふ、王□□を賓するに、勺して羌三を伐ち、牢を卯して尤亡きか。）

○癸卯卜㱿貞、㞢于河三羌、卯三牛、尞三牛。〔H1027正〕

（癸卯卜して㱿貞ふ、河に㞢するに三羌をもちひ、三牛を卯し、三牛を尞せんか。）

○癸卯卜㱿貞、尞河一牛、㞢三羌、卯三牛。〔H1027正〕

（癸卯卜して㱿貞ふ。河に㞢するに一牛をもちひ、三羌を㞢して、三牛を卯さんか。）

○丙寅卜、又伐于司、忆卅羌卯卅豕。（丙寅卜す、又司を伐ち、卅羌を忆し卅豕を卯さんか。）［H32050］

○丙午卜貞、畢奠歳羌卅卯三宰、箙一牛、于宗用。六月。［H320］

（丙午卜して貞ふ、畢・奠歳するに羌卅をもちひ三宰を卯さんか、一牛を箙するに、宗において用ひんか。六月。）

○甲寅卜、其帝方一羌一牛九犬。［H32112］

（甲寅卜す。其れ帝方するに一羌一牛九犬をもちひんか？）

これらの辞例において羌は牛羊犬豕とともに犠牲に用いられている。郭沫若氏はこの羌を羌人と解することができないと見えて、羅振玉氏の「羊」という説を退けて「狗」と解したりするのだが、そうすると「貞、方帝一羌二犬卯一牛」［H418］のように羌と犬とを一緒に用いる例があって成立しない。また別に、

○丙卜、翌甲寅酌、畢御于大甲、羌百羌卯十牢。［粹・190］

（丙卜す、翌甲寅酌す、畢大甲を御するに、羌百羌をもちひ十牢を卯さんか。）

○丁酉、宜于、羌二人卯十牛。

（丁酉、に宜するに、羌二人をもちひ十牛を卯さんか。）［粹・411］

という例もある。そうすると「羌百羌」「羌二人」と記されているのを「狗百狗」「狗二人」としなければならなくなっておかしな読み方になる。そこで郭氏はまた「磔」という新しい解釈を立てるのだが、そうすると今度は、一旦否定したはずの人牲を認めたことになりはしないかということになってしまう。

白川博士はさらに羌人を捕獲する「王往伐羌」（王往きて羌を伐たんか。）〔H6617甲〕や「王叀次令五族伐羌方」（王叀に次して五族に令して羌方を伐たしめんか。）〔H28053〕など、多数の有力な部族が羌人捕獲に動員される例を挙げている。また羌のあるものは殷室に使役されることもあるのだが、多羌や多馬羌・羌芻などの例を挙げて、彼らが殷の宮廟において卜骨の修祓にも関与していたことにまで言及する周到さである。ここまで周到に詰められると羌が人間以外を意味しないことは明白である。殷の大墓から多数発見される人牲がそれを示していると見ていいだろう。こうして異族を用いた人牲の可能性があることが明らかになれば、南が他の牲獣とともに宗廟に用いられることは何ら不思議ではない。そこで南人を犠牲とする用例の列挙となるのである。

○甲申卜貞、翌乙酉㞢于祖乙牢㞢一牛、㞢南。〔H25〕

（甲申卜し貞ふ、翌乙酉に祖乙に㞢するに牢をもちひ、一牛を㞢して南を㞢せんか。）

○㞢于祖辛八南。九南于祖辛。（祖辛に八南を㞢せんか。九南を祖辛にもちひんか。）〔H1685〕

○癸未卜。婦鼠㞢妣己南犬。（癸未卜す。婦鼠は妣己に㞢するに南・犬をもちひんか。）〔H40852〕

○貞〔𠦪〕年于王亥、冎犬一・羊一・豕一・尞三小宰、卯九牛・三南・三羌。〔H378〕

（貞ふ年を王亥に𠦪《いの》るに、犬一・羊一・豕一を冎《ころ》し、三小宰を尞し、九牛・三南・三羌を卯さんか。）

○庚戌卜㚔貞、尞于西一犬・一南、箙四豕・四羊・南二、卯十牛・南一。〔H40514〕

（庚戌卜して㚔貞ふ、西に尞するに一犬・一南をもちひ、四豕・四羊・南二を箙して、十牛・南一を卯さんか。）

○丁巳卜賓貞、尞于王亥十南、卯十牛・三南。〔H6527〕

（丁巳卜して賓貞ふ、王亥に尞するに十南をもちひ、十牛・三南を卯さんか。）

○貞、方帝卯一牛㞢南。（貞ふ、方帝するに一牛を卯し、南を㞢せんか。）〔H14300〕

○貞、皁以二南于父…大乙。（貞ふ、皁は二南を以ゐて父…大乙に于かんか。）〔H32430〕

○丁…翌…大…五十…伐…南。〔H963〕

○㞢于祖辛伐南。（祖辛に㞢して南を伐たんか。）〔H655 正甲〕

これらの「南」が南人と称ばれる南方の異族であることは、もはや疑いを容れない。こうした異族の人身犠牲には羌・南の他に白人などの異常者や不自由人などをも用いた例を挙げられるが、ここでは割愛する。さて南字の本義は何であろう？　次に南方・南人の義はどのようにして生まれたかを考えてみなくてはならない。次はこの問題である。

三　南の本義

郭沫若氏は最初、白川博士の提示する初義に比較的近い説を立てていた。（南）を「鈴」と解するものである。しかし南を含む文字には別に「」のような字形がある。これはいわゆる占卜の際の貞人の名前で、㱿と釈することができるものだが、をバチ状のもので叩く形に描かれている。郭沫若のいう鈴では「殳」を加えて撃つということは理解できないとされる。なるほどその通りである。そして郭沫若自身もその点が弱いと見ていたのか、後にこの説を棄てて唐蘭説に従うことになる。この件は後に改めて言及されるのでこうした経過のみを記して先に進むことにする。

郭沫若氏の説は白川博士が提示しようとする説に比較的近いとのことであったが、それは楽器説を採るという意味で近かったという意味であって、鈴では辻褄が合わないのである。ではどのような楽器であるか、そこに入っていく。甲骨文の「南」字形を考える場合、前述の「」

字形からして楽器であることが分かるが、さらにこれを別の字形と照応しながら考察を進めていくことになる。先ず、「」のような字形がある。これは石磬と呼ばれる楽器を撃っている形である。まさに「磬」字の上部の象形であるが、この磬は祭祀の時に用いられる石製の楽器で、後に編磬と編鐘とが組み合わされかなり大規模な古代オーケストラの編成へと進展するものである。それが殷代にすでに見えている。その上部は「」字形になっている。また太鼓を示すの場合も同様で、・のようにやはりこれを撃つ形が「鼓」の字である。このような楽器を繋ける木の形であることは一目瞭然である。この字形は「釈史」に関連的に出てきた「告（）」にも見えている。この「」について私の推定を交えるならば、おそらく祭祀の際に用いられる聖なる枝ではなかったかと思われる。博士はここで豈・壴の二字に関係する文字を『説文解字』の豈部・鼓部・豆部・喜部に収録されている文字を列挙して、分類の仕方自体に混乱があることにも言及される。それは後で、食器と楽器とを許慎が混同していることを示すための伏線である。

ついで、『説文解字』の混乱を一層複雑化した説を立てている加藤常賢氏の説にも言及される。加藤氏の字源論が複雑になるのは、象形字であるはずの字形をばらばらに分解してそれぞれ別々に解釈し、それを後で合成してその合字であると解くからである。甲骨文は象形文字ではないとでも考えているのであろうか。加藤氏はそのような手法で「豈」と「壴」とが同じであると説くのであるが、音が「豈（キ）も壴（チュウ）と一同であると思う。ソレハ（チュウ）の転音である」とするなど解釈に強引なところがある。かくて博士は「壴」字と「豈」字の違いについて『説文解字』の誤りを正しながら次のように結論する。

> 食器の豆に属するものは豆・壴の系列に、楽器の豈・鼓に属するものはまたその系列に、截然として区分されなくてならぬ。壴と豈との別は、豆とその豆実に象るものと、鼓とその鼓を繫けた形に象るものとの区別である。……説文は豈に加うべき解字を誤って壴にも加えて混乱を生じたが、加藤博士は両字を合せて一にし、そのキとチュウとの声を混じて一とされ、一層理解しがたいものとなった感がある。（七八頁）［一二二九～一二三〇頁］

ここまでで「南（）」の上部「」字形が楽器を繫けるための叉枝であることが述べられてきた。ここに挙げられた楽器がどのような時に用いられるものなのか、私の説明ではすでに述べてしまっているが、博士はここで改めてその問題に入られる。ここで用いられるのは卜辞に見られる「来嬉」の例である。「嬉」字は・のように書く。「鼓」と「女」に従う字である。「来嬉」の意味は「漁陽の鞞鼓 地を動かして来たる」の謂いで、外賊の侵寇を意味する語である。女字形に従うのは古代シャーマンの習俗にもとづくものであろう。わが国の古代に

も、軍事に女人を先頭させる例があったことが『古事記』上巻の天孫降臨の条に見えている。こうして木に繫けた楽器を特定する方向へと進む。

四　木に懸けた楽器はいかなるものか？

郭沫若は最初鎛鐘の類をもって解しようとした。鎛と鐘とは同類の楽器であるが、殷代にそれらがあったとするには疑問が残る。鐘より古い楽器には鉦(鐃)がある。その形は下に柄があって、口は上に向かって開いている。ちょうど鐘を逆にした形である。したがってこれは木に差し込んで立てた形で撃つ構造になっている。おそらく楽器というよりも軍事の際に撃ったものであろう。殷代に見られる鉦（鐃）は構造からして字形に合わない。これを殷代のものに求めるのは難しいということになる。しかし考古学方面から見ると、この殷代の鉦が南方に伝播し発展してそれが逆に伝播し流入してくるという説を、林巳奈夫氏がかなり後になってから発表された。[1]その逆流入の時期は西周時代中期頃ということであるから、その間南方では独自に発展を遂げたことになる。しかしこの林説は「釈南」立論の時期にはまだ見られず、白川博士が独自に考察を進めなければならなかった。博士は「南」字を鐘を繫けた形としえない理由を次のように整理される。

一、遺品の時代が少し遅きに失すること。

二、上の甬の部分が南字の字形には見られないこと。

三、鐘の釭の部分は概ね□形であるから、その形ならば　と書くべきであるのに日のように横形にしたものがあること。

四、下部の両銑と于との部分凵、南の字形の冃の下部が虚しいものと著しく異なること。

五、鐘を繫けた形を何故に南と称するかを説き得ないこと。

特に第五点が重要な鍵を握っているのである。であるとすれば、この行論の行方は左に記された方向に向かうことになる。

もし楽器の名にしてしかもそれが南方の意を示しうるものがあるとすれば、それはその楽器が南方特有のものであり、楽器自体が南方を表現しうるようなものでなくてはならない。しかしこのようなものとして、特にわれわれの注意を喚起する楽器は、銅鼓のほかにはない。私は甚だ武断であるかも知れないが、南支から仏印・東印度諸島にわたって広汎

な分布を示す銅鼓を以て、これに充ててみたいと思う。そこで以下に少しく銅鼓について述べよう。（八〇頁）〔一一三二頁〕

五　銅鼓について

最初に銅鼓が学界の注目を浴びるようになったのは、一八六〇年に銅鼓が発見されたことがきっかけであると記されるが、これは欧米の学界のことであって、日本ではそれより早く一八六二年に松崎益城が「銅鼓考」を発表していて、中国の西南蛮夷の作ったものであるという卓論を示していた。その後も、大給恒「古銅鼓考」（一八八五年）、鳥居龍蔵「苗族調査報告」第九章（一九〇二年）が続き、また更に原田淑人「銅鼓の製作時代」、松本信広『印度支那の民族と文化』（一九四二年）、禰津正志『印度支那の原始文明』第一四章（一九四三年）と続いていて、銅鼓研究としてはすでにかなりの蓄積が見られる。一方中国では凌純声「記本校二銅鼓兼論銅鼓的起源及其分布」（一九五〇年）が発表された。欧米の学界ではその後ようやく楽器であることが知られるようになり、マイヤー（一八八四年）、フォイ（一八九八年）、ヒルト（一八九〇〜一八九六年）、ホロート（一八九八年）、ヘーゲル（一九〇二年）等の学者によって研究が進められた。特にヘーゲルの研究は銅鼓の様式区分を試みた大著で、「南」字が銅鼓を示すものだという博士の説に有益な情報をもたらしている。以下展開される銅鼓の概説は大部分が松本・禰津・凌の論著に拠るとのことである。以下、博士は「中国文献中の銅鼓」「ホロートの見解の概略」「中国国内の分布」「銅鼓の様式とその分布」の順に概説されるが、ここでは要点を整理する形で進めることにする。

A　中国文献中の銅鼓

中国の文献で銅鼓のことが見えるものは「後漢書」馬援伝に「交阯において駱越の銅鼓を得たり」とあるのが初見である。その後の文献三〇件ほどをその後に列挙している。そしてそれらの記事を検討した結果、「銅鼓が獠族の用いた特有の楽器であり、かつ極めて貴重とせられていたものであることが知られる。」（八二頁）としている。銅鼓が実際に用いられる時の様子を記した「裵淵広州記」（後漢書注引）を引用しておく。

俚獠鑄銅爲鼓、鼓唯高大爲貴、面闊丈餘。初成、懸于庭、剋晨置酒、招置同類、來者盈門、豪富子女以金銀爲大釵、執以扣鼓。叩竟留遺主人也。

（俚獠　銅を鑄て鼓を爲る。鼓は唯高大なるを貴しと爲す。面闊く丈余なり。初めて成るに、庭に懸く。晨に剋して置酒し、同類を招置す。來る者門に盈つ。豪富の子女 金銀を以て大釵を爲り、執りて以て鼓を扣く。叩き竟りて主人を留遺するなり。)

B ホロートの見解の概略

銅鼓が獠族に起原するものであることを、オランダの東洋学者ホロートも「東印度諸島及び東京・アジア大陸の古銅鼓考」で述べている。白川博士のまとめた文章をここに引用しておく。

銅鼓は紀元一世紀頃、広東の南西隅に流布し、四世紀上半に揚子江沿岸南部に行われた。広州の民は銅の大部分を鋳鼓に投じ、金銀をもその溶炉に投じたので、時の政府は鋳鼓を禁制したことがある。銅鼓は広く南方の狸獠の間に行われ、でき上ったときは盛大な饗宴を行なった。また戦時にはこれを鳴らして衆を徴集し、病の時も平癒の祈願に用いた。南方の夷蛮はしばしばこれを政府に進献したが、南夷にあっては、その所有者はこれによってその威権・勢力・門地を象徴しうるものとされ、これを失うことは従って蛮運を失うものとされた。かくてホロートは、その分布・文様・使用目的にも考察を及ぼして、銅鼓は獠人に起原するものであることを述べ、従来のヒルトの馬援制作説を破っている。細部にわたる議論はしばらくおいて、銅鼓が獠族に起原するというこのホロートの見解は、今日においてもなお学界の支持を得ているものである。(八三頁)[一一三五頁]

銅鼓が獠族に起源をもつ祭器であることがほぼ共通認識となったと考えてよさそうである。

C 中国国内の分布

銅鼓の分布は、南支・仏印・東印度諸島から大洋州の島嶼に及ぶ広汎なものである。それで銅鼓の起源地にも諸説が生じている。今度はこの起源地を絞り込む方向へと進む。銅鼓の分布と銅鼓の様式の分類との相関関係を考えてみるという方向である。ここで博士の採られた凌純声「銅鼓の地理分佈」の整理を引用する。

〔中國〕

四川 (明史劉顯伝) 宣賓 慶符 長寧 筠連 高・珙 古宋

屏山 雷波 西昌 盧山 奉節

湖南 麻陽 岳陽 乾城

江西 南康 銅鼓

広東　（ヘーゲル）一六五　番禺　茂名　信宜　海康　合浦　霊山　欽　万寧　文昌
広西　平南　桂平　鬱林　博白　北流　岑渓　蒼梧　桂林
　　　融　象　横　邑寧　凌雲
　　　崇善　憑祥　Anau
貴州　貴陽　黎平　印江　思南　銅仁　遵我　安順
雲南　Parmentier　昆明　瀘西　騰衝　芒市

〔中國外〕
東京《とんきん》（河内・河南・寧平・河東・和平）
安南（清花・公通・島明・巴色・沙凡那克・景広・三諾）

中原から見て南方に広く分布し、それがベトナムにまで及んでいることが分る。

D　銅鼓の様式とその分布

次に銅鼓の様式を分布状況と関係づけて考える。これは最も古い様式がどこであるかを探るためである。分類の仕方はヘーゲルによる。

第一式……最も古く大型の基本形式をもつもので、胴部が三区に別れ、上部は膨らみ、中央部は垂直、下部は截頭円錐形をなす。上部に鼓面と胴部とを結合する丸く張り出した部分がある。中央部の下は円錐胴となっていて、縁は外方に開いている。鼓面と胴部張出しの装飾文は人物・動物・家屋・舟・飛鳥の原始的絵画・幾何文様等である。鼓面には蛙・騎馬像等が附けられている。

上部が鼓面に接触する部分に張出しがあるかないか、その他若干の点の相違によって、更に甲類と乙類とに分れる。

第二式……胴の上部と中央部間の凹んだ稜がなく、胴の上部は下部の円錐胴に直接終るS字型の側面を示す。鼓面は突出し、文様区は第一式より多く、微細な意匠の装飾文から成る。全体の文様は籠目の青銅器の伝統を示している。把手は小さく優美となり、重要性を失なって、ときには多くの小枝のある編物形の三角片から成る。

第三式……形小さく、蛙の数が多く、円筒部は大きく下部は小さい。鼓面の文様帯も少なくなってジグザグ文が形式化し、動植物の文様は浮彫となる。いまカレン族の間に伝わっている。

第四式……中国的意匠多く、丈低くして非実用的である。鼓面の蛙はなく、中央の星から十二本の射線が放出され、十二支獣を鋳出す。南支那に最も多く発見され、ラオスのシャン族、ビルマの白カレン・紅カレン族の間でも使用され、タイの寺院や宮殿においても用いられている。

この四式はそのまま時代の新古を意味するものと考えられる。

〔様式の分布〕

・湖南・四川……第一式甲類
・広東・広西……第一式乙類と第二式
・貴州・雲南……第三式
・分布が広汎……第四式

〔新古の層〕

・第一層（第一式甲類）……湘西・川南・滇南から半島区の東京《とんきん》・ラオスに及ぶ。
・第二層（第一式乙類）……広東・広西から東京・ラオス・安南・カンボジアを経て東印度諸島に及ぶ。
・第三層（第二式）……広東・広西から東京・ラオスに達する。

・第四層（第三式）……貴州・雲南からビルマ・シャムに分布。
・第五層（第四式）……中国と東京《とんきん》湾付近一帯に分布。

各様式の分布状態は銅鼓の発源地とその波及の仕方を反映するものと思われる。

六　銅鼓の起源地

銅鼓の分類とその分布によって、銅鼓の最も古い第一式甲類が湖南・四川であることが分かった。これをほぼ銅鼓の起源地と考えれば良さそうだが、博士はなお慎重に検討する手続きを踏んでいく。紹介された諸説を列挙しておこう。

インド説（シュメルツ）
カンボジア説（マイヤー・フォイ）
中国南部・インドシナ半島北部説（ホロート、ヘーゲル、ラクーベリ）
東京《とんきん》南部・安南北部説（ゴルーベフ）
西欧・中亜・西南諸省・インドシナ半島北部伝来説（ケルデルン）

淮河・長沙説（カールグレン）

以上は凌純声の整理したものだが、凌氏はカールグレンの説がほぼ当たっているとして、長江中流、雲夢大沢の地が銅鼓の起源地であるとする。その理由は次の四点である。

1 湖南省麻陽は宋・明のときに甚だ多数の銅鼓を出土した。黎獠民族は古くこの沢畔にあり、その後次第に南下したものと思われる。

2 唐の文人孫光憲・杜牧・温庭筠・許渾の詩に獠族が銅鼓蛮歌、神を祀って楽舞することが歌われている。

3 銅鼓の文様にある房室と船との形式が「依樹積木、以居其上」といわれる獠族の生活と一致している。

4 黎獠民族が北方中原諸族の圧迫を受けて南下した事情が古い資料によって証明される。

ここに黎獠とされる民族は文献に俚獠・狸獠などとも記される民族で、凌純声氏によれば今のインドネシア人と同一の民族であるという。これはコルベフやハイネ・ゲルテルンなどの考え方にも通ずるものがある。そして銅鼓の最も古い形式のものが湘西の洞庭湖畔附近から発見されることに注目すべきだという。ここで少しだけ付言しておくと、「俚獠・狸獠」などとされる民族は現在壮族・布依族と呼ばれるものであるらしいことが馬寅主編『概説 中国の少数民族(2)』に記されている。そして銅鼓の使用が苗族にも拡がっていることをも考慮しておくべきだろう。

七 「南」字は銅鼓を吊した形

博士の考証は次に「南」字が銅鼓を吊るした形であることに入っていく。字形認識に関わる問題であるから、銅鼓を実際に用いている場面や様子を確かめなければならない。それで銅鼓使用の様子を記した文献を引用しながら論証の補強が図られる。ただ読む側からするとすでに述べられたこともあり、内容的に重複する気がするので省略に従うが、しかしこうした手続を疎かにしない点にこそ博士の論証が周到極まりないことを示してもいるわけである。ここでは「南」字が銅鼓を吊るした形であることを緻密に述べている箇所を引用しておく。

これらの記述によるときは、銅鼓はこれを懸繫して撃ったことが明らかであり、その他の記事においても、その声の極めて清亮であることをいうものが多いので、別に懸繫することをいわないものでも、みなこれを繫けて撃ったものであることが知られる。いま東京河内の東洋学院博物館に蔵する一銅鼓は、吊り下げた形のままで写されているが、実は繫けるといってもこのように形に下げるのではなく、上の方はもっと絞って中央の一処に合せて吊るしたものであろう。銅鼓の文様には、銅鼓を木架の下に描いたものがあるが、おそらく一層古い時代においては、磬がのように直接木に繫けられていたように、銅鼓も直接木に繫けたものではなかろうか。従ってその形は木形のと、銅鼓の側面形と、そして銅鼓の両旁の耳からに繫けられた紐の部分∧と、この三つの部分をもつことになる。そしてこの三つの部分を合せるとまさにとはなって、銅鼓を木に繫けた全形をあらわす。銅鼓の下部は空洞となっていて、その点が鐘と全く異なっており、鐘ならば下辺の于の部分がのような形にはならないはずである。もし右の推定が成り立つものとすれば、南字は銅鼓の両耳を吊って、これを木の一処に繫けた形であり、本来は楽器である銅鼓の名である。しかもこの形式の楽器はひとり狸獠に限られた彼ら特有のものであり、また彼らはこれ以外には他の楽器を用いることが甚だ少い。そしてこのような事情からいえば、楽器の名である南がやがて南人たる狸獠を称する南となり、ついに南方を意味する南に用いられるに至った事情が、極めて自然に解せられるのである。

（八八頁）〔一二四〇～一二四一頁〕

こうして「南」字が銅鼓を吊るした形であることが緻密に論証された。もはや疑う余地はないと言ってもよい。しかしこれは字形を中心に考察した結論である。次に「南」の音のことに入る。「南」字は「ナン」という音をもつが、銅鼓を意味する語の音が「ナン」であることを示すことができるかどうかという問題である。この点については比較的初めの方で言及されていたのでご記憶の読者もあるだろう。ここで再度持ち出してその裏付けを提示するという運び方である。

ここも博士の文章を引用しておこう。今し方引用した箇所の直ぐ後のところである。

銅鼓を木に懸繋した形である「南」が、ナンの音をもってよまれたのは、おそらく獠人の語に出るものであろう。鳥居龍蔵博士の苗族調査報告によると、博士が貴州北盤江の上游にある毛口地方で仲家の銅鼓使用状況を調査されたとき、彼らは、われわれは苗子や羅〻と違って、もとからここにいたのではない。明の洪武のとき、はじめてここに遷ってきたものだ。われわれの楽器には笙の類はなく、ただ銅鼓だけを使う。銅鼓は土語では

Nan-Yan という。ときどき地中から発掘される。漢族が侵入してからはすっかり奪い取られ、今ではもうなくなってしまった。だからやむなく皮で作った太鼓を使っている、と語ったという。（八八〜八九頁）〔一二四一頁〕

こうして音の面からも「南」が銅鼓を示すものであることが明らかになった。博士の考証はさらに念入りに細部の検討を重ねていくが省略に従う。

八　小要約

以上によっていえば、南字は銅鼓を木に懸繫した形であって、それは南とよばれたが、その楽とあわせて南任という語があったらしく、いま銅鼓をその土語で Nan-Yan と呼ぶのは、その語の今に存したものではないか。もしかく考えうるならば、南字の形音義は、一応の説明をなしうるに至るわけである。（九〇頁）〔一二四三頁〕

南は獠族特有の楽器であり、古い時代からこの民族独自のものとして漢人に強烈な印象を与えていたものであったから、漢人はやがてかれらをも南とよび、南人と称し、延いてはかれらの住む地域が南とよばれ、また転じて方角の名にも用いられるに至ったという事情は、右によって大体首肯されるであろう。(九〇～九一頁)[一一二四三頁]

これらの南人は、古くは遥か北方の揚子江中流附近一帯にあり、桐柏山脈を越えて中原の殷人と接触をもっていたものと思われる。古代においては、異種族の間には互いに他族を犠牲としてこれを祀る風があって、殷人が羌・南・夷をその宗廟・陵墓に用いたことはすでに記した通りである。(九二頁)[一一二四四頁]

このように南に関する卜辞が羌に比較すると甚だ少なく、特に獲南の辞が殆ど見いだしがたいほどであるのは、南人が殷と接触しつつも、かれらが主として山谷や沼沢地の狭長な地帯などを選んで住み、かつ甚だ敏捷であり、危急に臨んでは直ちに南を鼓してその同類を結束し、強力な抵抗を行なったため、羌人のように容易に捕獲しえなかったというような事情もあったものと思う。(九二～九三頁)[一一二四五頁]

むすび

博士の論証は「南」字の字源論の形式を採りながら、銅鼓を用いた祭礼文化の広がりを描き出した。これを銅鼓文化圏と呼んでもいいだろう。実際、現在苗族や壮族の居住する都市には巨大な銅鼓のレプリカが町のシンボルとして聳え立っているところがあって大勢の観光客の目を楽しませている。

あとがき

最後に正直なところを記しておきたい。これらの文章は自分自身の研究テーマを追究する論文の時よりもはるかに書きにくく時間がかかった。師の意図したことと違うことを伝えるわけにはいかない、責任を伴う仕事だったからである。そのために師の文章も私自身の文章も何度も読み返しては確認する作業を重ねた。私としてはベストを尽くしたつもりである。私の力ではこれ以上のものを書くことはできない。ただ、読者の羅針盤の役割を果たしてくれることを切に願うばかりである。

白川静の文章の中で、最も堅牢な論証を展開したものが『甲骨金文学論叢』所収の文章である。白川の実証的な学風を知るには『論叢』を読む外はないということを機会のある毎に述べてきたのだが、『論叢』を繙く人があまり出てこなかった。読んでみようとする人は少なくないのだが、挫折してしまう人が多いとのことだった。そうした人たちがこの専門分野にもかなり多数あることを知って、このような文章の必要性を痛感するようになったのである。

ただ、今回対象とした文章は『論叢』の約三分の一に過ぎない。とはいえ白川文字学の最も中核に位置するものでもあるので、読者はこれを弾みにして全編読破もかなり容易になるであろう。
左に、書誌情報として収録論文と発表年月とを掲げておく。最初に出た油印本に収録された論文や資料を列挙するので、平凡社の著作集版と、選集に当る『甲骨金文学論集』（朋友書店）との関係が分かると思う。

二〇一六年四月

『甲骨金文学論叢』の構成（初出は油印本）

『初集』（一九五五年三月）
「釈史」
「釈文」
『二集』（一九五五年五月）
「作冊考」
「召方考」
「金文索引　一、官制」

『三集』（一九五五年八月）
「釈師」
「金文索引　二、人名」※
『四集』（一九五六年一二月）
「琱生毁銘文考釈」※
「載書関係字説――古代の詛盟祝祷儀礼と文字」
『五集』（一九五七年九月）
「殷代雄族考　其一　鄭」
「金文索引　三、地名」※
「初集～五集索引」※
「通巻目次」※
『六集』（一九五七年一二月）
「殷代雄族考　其二　雀」
「殷代雄族考　其三　㚔」
『七集』（一九五八年五月）
「殷代雄族考　其四　粛」

「殷代雄族考　其五　皐」
「媚蠱関係字説――中国古代における呪術儀礼の一面
『八集』（一九五八年八月）
「殷代雄族考　其六　𠂤」
「殷代雄族考　其七　戉」
「臯辜関係字説――主として中国古代における身体刑について」
『九集』（一九五八年一二月）
「羌族考」
『十集』（一九六二年六月）
「安州六器通釈」※
「釈南（原載甲骨学　再録）」
「蔑暦解（原載甲骨学　再録）」
「後記」
索引
総目次
附録

平凡社『白川静著作集』別巻の『甲骨金文学論叢』では左記のように配されている。但し、※を付けたものは割愛されている。

［上］：初集〜五集

［下］1：六集〜八集

［下］2：九集〜十集　中国語「再論蔑暦」・「再論蔑暦（訓読文）」

解説（小南一郎）

索引（事項索引・文字資料索引）

また、著者選による一冊本選集として『甲骨金文学論集』（朋友書店　一九七三年）がある。収録論文は左記の通り。※を付けたものは割愛されている。

初集〜五集。「媚蠱関係字説」皐辜関係字説」「羌族考」

解題（伊藤道治）

【第一章】

(1) 頁数は（ ）の方が『甲骨金文学論集』（朋友書店。一九七三年）所収のもの、［ ］の方が『白川静著作集別巻』「甲骨金文学論叢」（上）所収のものである。仮名遣いは現代仮名遣いに改めた。

(2) 中国社会科学院考古研究所編著『殷墟婦好墓』（文物出版社。一九八〇年）彩版二四―2。

(3) 引用した甲骨文資料の出典の略記を次のようにした。

Yが、『英国所蔵甲骨集』（北京 中華書局。一九八五年）の番号。

Hが『甲骨文合集』（北京 中華書局。一九八〇年）の番号。

(4) 神武東征の際に、大久米命が伊須気余理比売と問答した歌の「あめつつ 千鳥ましとと など黥ける利目」が、眼に黥して鋭いのを奇しんだ意である、とされている。

(5) 劉映華『壮族古俗初探』（広西人民出版社。一九九四年）

(6) 王学萍編『中国黎族』（民族出版社。二〇〇四年）

(7) 江応樑『傣族史』（四川民族出版社。一九八三年）

【第二章】

(1)『白川静著作集 別巻 甲骨金文学論叢［上］』（平凡社。二〇〇八年）

(2) 頁数は『甲骨金文学論集』（朋友書店。一九七三年）のものに従い、仮名遣いは現代仮名遣いに改めた。

（3）第一章の注（3に同じ

【第五章】

①林巳奈夫「殷、西周時代の地方型青銅器」（「考古学メモワール一九八〇」（学生社　一九八〇年）

②馬寅主編・君島久子監訳『概説　中国の少数民族』（三省堂　一九八七年）

【初出誌】

読「釈文」（「立命館白川静記念東洋文字文化研究所紀要」第二号。二〇〇八年三月）

読「釈史」（「立命館白川静記念東洋文字文化研究所紀要」第三号。二〇〇九年三月）

読「作冊考」（「立命館白川静記念東洋文字文化研究所紀要」第四号。二〇一〇年三月）

読「釈師」（「立命館白川静記念東洋文字文化研究所紀要」第五号。二〇一一年六月）

読「釈南」（「立命館白川静記念東洋文字文化研究所紀要」第六号。二〇一二年七月）

『白川文字学の原点に還る』と題して刊行するに当たり、「序文」と「後書き」その他を書き加え、漢字の旧字を新字に改めたが、本文は一部分を除いては書き直さなかった。

た行

な行

は行

ま行

ら行

文献・器名索引

ま行

ら行

人名索引

ま行

や行

ら行

わ行

た行

な行

は行

さ行

事項索引

あ行

か行

著者略歴

高島敏夫（たかしま・としお）

1948年京都市生まれ。立命館大学中国文学科卒。現在は立命館大学の中国文学特殊講義（文字学）を担当。同大学白川静記念東洋文字文化研究所の研究員を経て、現在は客員研究員。同研究所の活動として「初期漢字研究会」を主宰。白川文字学の普遍化と深化につとめる。最近の研究テーマは、殷代末期から西周時代にかけての文化の大転換期（殷周革命）を対象とするもの。白川静『金文通釈』の「本文篇語彙索引」を担当。著書に『甲骨文の誕生　原論』（人文書院、2015年）。

白川文字学の原点に還る
──『甲骨金文学論叢』を読む

二〇一六年八月二五日 第一刷発行
定価二、五〇〇円（税別）

著　者　高　島　敏　夫
発行者　土　江　洋　宇
発行所　朋　友　書　店

〒六〇六―八三一一　京都市左京区吉田神楽岡町八
電話（〇七五）七六一―一二八五
FAX（〇七五）七六一―八一五〇
E-mail:hoyu@hoyubook.co.jp

印刷所　株式会社図書印刷同朋舎

ISBN978-4-89281-153-1 C0022 ¥2500E